Se Protéger des Tremblements de Terre
Par : Collection Plus Simple la Vie
©2024

AF415154

Table des Matières

Introduction

Les tremblements de terre sont des catastrophes naturelles imprévisibles qui peuvent entraîner des destructions majeures, des blessures et des pertes humaines. Une bonne préparation permet de réduire les risques et d'améliorer la résilience face à ces événements. Ce guide propose des informations essentielles et des conseils pratiques pour aider chacun à mieux se protéger.

Comprendre les dangers des séismes est une première étape essentielle, car une meilleure connaissance des risques sismiques encourage l'adoption de mesures de prévention et de protection. Il est également crucial d'adopter les bonnes pratiques en matière de préparation. Ce guide fournit des recommandations claires pour évaluer les risques, établir un plan d'urgence et se préparer efficacement. En adoptant une approche proactive, il est possible de réduire les impacts d'un séisme, tant sur le plan matériel qu'humain, tout en facilitant la gestion de la crise.

En suivant ces conseils, chacun pourra renforcer sa capacité à faire face aux tremblements de terre et à assurer sa sécurité ainsi que celle de ses proches.

Comprendre les tremblements de terre

Définition et causes des tremblements de terre

Les tremblements de terre, également appelés séismes, sont des mouvements brusques et soudains de la croûte terrestre. Voici quelques éléments clés pour mieux comprendre ces phénomènes :

Définition

Un tremblement de terre, aussi appelé séisme, est un phénomène géologique caractérisé par une secousse ou une vibration soudaine de la surface de la Terre, généralement causée par la libération d'énergie accumulée le long des failles géologiques. Ces secousses peuvent varier en intensité, de légères secousses imperceptibles à des événements catastrophiques entraînant des dommages matériels importants, des blessures et même des pertes en vies humaines.

Causes

Les causes des tremblements de terre sont principalement liées à l'activité tectonique de la Terre. Voici quelques-unes des principales causes :

Mouvement des plaques tectoniques : La surface de la Terre est composée de plusieurs plaques tectoniques qui se déplacent constamment à des vitesses très lentes. Lorsque ces plaques entrent en collision, se séparent ou glissent les unes contre les autres le long des failles, elles génèrent des forces qui peuvent provoquer des tremblements de terre.

Failles géologiques : Les tremblements de terre se produisent souvent le long des failles, qui sont des zones de rupture dans la croûte terrestre où deux blocs de roche se déplacent l'un par rapport à l'autre. Lorsque la pression accumulée le long d'une faille devient trop grande, elle est libérée sous forme d'un tremblement de terre.

Activité volcanique : Les éruptions volcaniques peuvent également déclencher des tremblements de terre. Lorsque du magma se déplace sous la surface de la Terre, il peut provoquer des secousses sismiques. De plus, la pression exercée par le magma sur les zones environnantes peut également déclencher des tremblements de terre.

Activités humaines : Certaines activités humaines, telles que l'extraction de pétrole et de gaz, l'exploitation minière, la construction de barrages et même les injections de fluide dans le sous-sol, peuvent induire des séismes. Ces tremblements de terre d'origine humaine sont généralement de faible magnitude, mais ils peuvent parfois causer des dommages locaux.

Zones à risque et fréquence des tremblements de terre

Les tremblements de terre peuvent se produire dans le monde entier, mais certaines zones sont plus susceptibles d'en être affectées que d'autres. Voici quelques-unes des principales zones à risque et des informations sur la fréquence des tremblements de terre :

Ceinture de feu du Pacifique

La Ceinture de feu du Pacifique est une région circum-Pacifique caractérisée par une activité sismique et volcanique intense. Elle s'étend sur environ 40 000 kilomètres et englobe les côtes de plusieurs continents, notamment l'Amérique du Nord et du Sud, l'Asie du Nord-Est, l'Océanie et certaines parties de l'Asie du Sud-Est. Cette zone est le théâtre de plus de 75 % des volcans actifs de la planète et de 90 % des tremblements de terre mondiaux.

La Ceinture de feu est le résultat de l'activité tectonique intense causée par la convergence et la subduction de plusieurs plaques tectoniques. Les plaques tectoniques s'entrechoquent le long des limites de plaques, créant des zones de subduction où une plaque plonge sous une autre. Cette activité génère une grande quantité de tension et d'énergie, ce qui conduit à des éruptions volcaniques et des tremblements de terre fréquents et souvent puissants.

En raison de cette activité géologique intense, les pays situés le long de la Ceinture de feu du Pacifique sont constamment confrontés au risque de tremblements de terre dévastateurs, d'éruptions volcaniques et même de tsunamis. Les populations de ces régions doivent donc prendre des mesures de prévention et de préparation pour faire face à ces dangers naturels.

Zones de subduction

Les zones de subduction sont des régions où une plaque tectonique plonge sous une autre plaque tectonique en raison de la convergence des plaques. Ce processus géologique est l'une des principales causes des tremblements de terre, des éruptions volcaniques et de la formation de chaînes de montagnes.

Dans une zone de subduction, une plaque tectonique océanique, généralement plus dense, s'enfonce sous une plaque continentale ou une autre plaque océanique moins dense. Lorsque cette plaque plonge sous une autre, elle peut entraîner une accumulation de stress et de pression le long de la zone de contact, ce qui peut éventuellement conduire à un tremblement de terre.

Les zones de subduction sont souvent associées à une activité sismique intense. Les tremblements de terre qui se produisent dans ces régions peuvent être extrêmement puissants en raison de la grande quantité d'énergie libérée lorsque les plaques tectoniques se déplacent brusquement. De plus, les zones de subduction sont souvent associées à des volcans explosifs, car la plaque plongeante peut fondre en profondeur, formant du magma qui peut remonter à la surface et provoquer des éruptions volcaniques.

Certaines des zones de subduction les plus célèbres incluent la fosse des Mariannes dans le Pacifique occidental, la fosse du Japon au large des côtes japonaises, la fosse du Pérou-Chili au large de l'Amérique du Sud et la fosse des Kouriles au large de la côte orientale de l'Asie.

En raison de l'activité sismique et volcanique intense associée aux zones de subduction, les régions situées le long de ces zones sont souvent confrontées à des risques importants pour la sécurité, et les populations doivent être préparées à faire face à ces dangers naturels.

Faille de San Andreas

La faille de San Andreas est l'une des failles les plus célèbres et les plus étudiées au monde. Elle est située en Californie, aux États-Unis, et s'étend sur environ 1300 kilomètres de long, traversant tout l'État du nord au sud. Cette faille marque la frontière entre deux plaques tectoniques majeures : la plaque nord-américaine et la plaque du Pacifique.

La faille de San Andreas est une faille de décrochement, ce qui signifie que les mouvements le long de la faille sont principalement horizontaux, avec l'une des plaques glissant horizontalement par rapport à l'autre. Les mouvements le long de cette faille sont responsables de nombreux tremblements de terre en Californie.

En raison de sa localisation dans une région densément peuplée et hautement urbanisée, la faille de San Andreas représente un risque sismique majeur pour les communautés environnantes, y compris les grandes villes telles que Los Angeles et San Francisco. Les scientifiques préviennent depuis longtemps que la faille de San Andreas est due à un tremblement de terre majeur, qui pourrait avoir des conséquences dévastatrices sur la région.

Les autorités californiennes et les organismes de gestion des urgences ont mis en place des mesures de prévention et de préparation pour faire face à ce risque sismique, notamment des codes du bâtiment stricts, des plans d'urgence et des programmes de sensibilisation du public. Ces efforts visent à réduire les dommages potentiels et à protéger la sécurité des habitants de la région en cas de tremblement de terre majeur le long de la faille de San Andreas.

Zones de rift

Les zones de rift, également appelées rifts continentaux, sont des régions où la croûte terrestre s'écarte, créant des fractures dans la lithosphère et des bassins d'effondrement. Ces régions sont souvent associées à une activité volcanique et sismique importante.

Les zones de rift se forment généralement là où les forces tectoniques tirent la croûte terrestre dans des directions opposées, provoquant son extension et son affaiblissement. Ce processus peut conduire à la formation de fissures et de failles le long desquelles de la lave peut s'échapper, créant ainsi de nouveaux volcans. En même temps, les mouvements le long des failles peuvent déclencher des tremblements de terre.

L'une des zones de rift les plus célèbres est la vallée du Grand Rift en Afrique de l'Est. Ce rift s'étend sur plus de 6 000 kilomètres, traversant plusieurs pays africains, dont l'Éthiopie, le Kenya, l'Ouganda et la Tanzanie. La vallée du Grand Rift est caractérisée par une activité volcanique importante, avec de nombreux volcans encore actifs, ainsi que par des tremblements de terre fréquents.

Les zones de rift ne se trouvent pas seulement en Afrique. Il en existe également dans d'autres parties du monde, bien que moins étendues. Par exemple, il y a des zones de rift en Islande, en Amérique du Nord et en Amérique du Sud.

En raison de l'activité sismique et volcanique associée aux zones de rift, ces régions présentent des risques naturels pour les communautés environnantes. Les populations vivant dans ces régions doivent être conscientes de ces risques et prendre des mesures de préparation pour faire face aux tremblements de terre, aux éruptions volcaniques et autres événements géologiques potentiellement dangereux.

Évaluation des risques

Identifier les risques spécifiques dans votre région

L'évaluation des risques sismiques dans votre région implique d'identifier les dangers spécifiques associés aux tremblements de terre et de comprendre comment ils pourraient affecter votre communauté. Voici quelques étapes pour effectuer cette évaluation :

Examiner l'activité sismique passée : Consultez les données historiques sur les tremblements de terre dans votre région pour comprendre leur fréquence, leur magnitude et leurs effets. Cela peut vous donner une idée des risques potentiels auxquels vous pourriez être confronté.

Identifier les failles géologiques : Déterminez si votre région se trouve à proximité de failles géologiques connues. Les zones situées le long de ces failles sont plus susceptibles de subir des tremblements de terre. Vous pouvez trouver des cartes des failles géologiques auprès des organismes gouvernementaux locaux ou des instituts de géologie.

Évaluer les types de bâtiments et d'infrastructures : Identifiez les types de bâtiments et d'infrastructures présents dans votre région et évaluez leur résilience aux tremblements de terre. Les bâtiments mal conçus ou construits peuvent être plus vulnérables aux dommages sismiques.

Considérer les risques naturels associés aux tremblements de terre : En plus des tremblements de terre eux-mêmes, pensez aux risques naturels secondaires tels que les glissements de terrain, les tsunamis (si vous êtes près de la côte), les ruptures de barrages ou les incendies.

Prendre en compte la densité de population : Évaluez la densité de population dans votre région et comment elle pourrait affecter la réponse aux tremblements de terre. Les zones densément peuplées peuvent être plus vulnérables en raison du nombre élevé de personnes et des infrastructures concentrées.

Consulter les autorités locales : Renseignez-vous auprès des autorités locales, des services de gestion des urgences et des experts en géologie pour obtenir des informations spécifiques sur les risques sismiques dans votre région.

Une fois que vous avez identifié les risques spécifiques dans votre région, vous pouvez prendre des mesures pour vous préparer et vous protéger adéquatement contre les tremblements de terre et leurs conséquences potentielles.

Examiner l'activité sismique passée

Pour examiner l'activité sismique passée dans votre région, vous pouvez suivre ces étapes :

Consultez les bases de données sismiques : Des organismes gouvernementaux ou des instituts de géologie locaux tiennent souvent des registres de l'activité sismique passée dans votre région. Vous pouvez accéder à ces bases de données en ligne ou contacter ces organisations pour obtenir des informations.

Recherchez les rapports historiques : Les rapports historiques, les journaux locaux et les archives peuvent contenir des informations sur les tremblements de terre passés dans votre région. Vous pouvez consulter les archives des journaux locaux ou les bibliothèques locales pour trouver des articles ou des rapports sur les tremblements de terre antérieurs.

Analysez les rapports géologiques : Les rapports géologiques préparés par des experts en géologie peuvent fournir des informations détaillées sur l'activité sismique passée dans votre région, ainsi que sur les failles géologiques et les zones à risque.

Considérez les témoignages locaux : Les personnes qui ont vécu dans la région pendant une longue période peuvent avoir des souvenirs ou des témoignages sur les tremblements de terre passés. Parlez aux membres plus âgés de votre communauté ou à d'autres personnes qui ont une connaissance locale pour obtenir des informations supplémentaires.

En examinant l'activité sismique passée dans votre région, vous pouvez mieux comprendre les risques sismiques auxquels vous pourriez être confronté et prendre des mesures pour vous préparer et vous protéger contre les tremblements de terre futurs.

Identifier les failles géologiques

Pour identifier les failles géologiques dans votre région, vous pouvez suivre ces étapes :

Consulter les cartes géologiques : Les organismes gouvernementaux ou les instituts de géologie locaux produisent souvent des cartes géologiques qui indiquent l'emplacement des failles géologiques dans une région donnée. Vous pouvez accéder à ces cartes en ligne ou contacter ces organisations pour obtenir des copies physiques.

Utiliser des outils en ligne : Il existe des outils en ligne, tels que des cartes interactives, qui montrent les failles géologiques dans différentes régions. Vous pouvez utiliser ces outils pour localiser les failles dans votre région et obtenir des informations sur leur taille et leur orientation.

Examiner les caractéristiques du paysage : Les failles géologiques peuvent souvent être identifiées par des caractéristiques du paysage telles que des escarpements, des déformations du sol ou des changements soudains dans le relief. Parcourez votre région à la recherche de ces caractéristiques et prenez note des endroits où elles pourraient indiquer la présence d'une faille.

Consulter des rapports géologiques : Les rapports géologiques préparés par des experts en géologie peuvent contenir des informations détaillées sur les failles géologiques dans votre région, y compris leur emplacement, leur taille et leur activité sismique passée.

Obtenir des conseils d'experts : Si vous avez des doutes sur l'identification des failles géologiques dans votre région, vous pouvez contacter des géologues locaux ou des experts en géologie pour obtenir des conseils et des informations supplémentaires.

Évaluer les types de bâtiments et d'infrastructures

Pour évaluer les types de bâtiments et d'infrastructures dans votre région en termes de résilience aux tremblements de terre, voici quelques étapes à suivre :

Analyser les codes du bâtiment : Consultez les codes du bâtiment locaux pour comprendre les normes de construction sismique qui s'appliquent dans votre région. Les bâtiments construits selon des normes sismiques strictes sont plus susceptibles de résister aux tremblements de terre.

Examiner les types de construction : Identifiez les différents types de bâtiments et d'infrastructures présents dans votre région, tels que les maisons, les immeubles de bureaux, les écoles, les hôpitaux, les ponts, les barrages, etc. Certains types de construction peuvent être plus vulnérables aux tremblements de terre en raison de leur conception ou de leur âge.

Évaluer l'état des bâtiments : Examinez l'état des bâtiments et des infrastructures existants pour identifier les éventuels problèmes de construction ou de maintenance qui pourraient les rendre plus vulnérables aux tremblements de terre. Cela peut inclure des fissures dans les murs, des fondations affaiblies, des systèmes de toiture instables, etc.

Considérer les mesures de renforcement : Identifiez les bâtiments et les infrastructures qui ont été renforcés ou mis à niveau pour résister aux tremblements de terre. Ces mesures peuvent inclure l'installation de systèmes de renforcement sismique, la consolidation des fondations, la fixation des équipements lourds, etc.

Évaluer l'importance des infrastructures critiques : Identifiez les infrastructures critiques dans votre région, telles que les hôpitaux, les centrales électriques, les stations d'eau potable, les ponts principaux, etc. Assurez-vous que ces infrastructures sont conçues pour résister aux tremblements de terre et qu'elles disposent de plans d'urgence appropriés en cas de catastrophe.

Considérer les risques naturels associés aux tremblements de terre

Pour considérer les risques naturels associés aux tremblements de terre dans votre région, voici quelques éléments à prendre en compte :

Glissements de terrain : Les tremblements de terre peuvent déclencher des glissements de terrain, en particulier dans les régions montagneuses ou sur des pentes instables. Identifiez les zones à risque de glissements de terrain dans votre région et prenez des mesures pour réduire les dangers potentiels, tels que le renforcement des pentes et la stabilisation des sols.

Tsunamis : Si vous vivez près de la côte, les tremblements de terre sous-marins peuvent déclencher des tsunamis, des vagues géantes qui peuvent causer des dégâts considérables sur les terres côtières. Familiarisez-vous avec les zones à risque de tsunami dans votre région et connaissez les itinéraires d'évacuation en cas d'alerte.

Rupture de barrages : Les tremblements de terre peuvent endommager les barrages et les digues, entraînant une rupture et des inondations importantes en aval. Identifiez les barrages et les digues dans votre région et connaissez les plans d'urgence en cas de rupture potentielle.

Incendies : Les tremblements de terre peuvent également déclencher des incendies, notamment en rompant les lignes de gaz naturel ou en renversant des sources de chaleur. Assurez-vous que votre communauté dispose de ressources adéquates pour lutter contre les incendies après un tremblement de terre, telles que des extincteurs et des points d'eau d'urgence.

Pollution des eaux souterraines : Les tremblements de terre peuvent perturber les aquifères souterrains, entraînant une contamination des eaux souterraines par des substances toxiques. Surveillez la qualité de l'eau potable après un tremblement de terre et prenez des mesures pour assurer l'accès à une eau propre et sûre.

Prendre en compte la densité de population

Pour prendre en compte la densité de population dans votre région lors de l'évaluation des risques sismiques, voici quelques considérations importantes :

Évaluation des impacts potentiels : Une densité de population élevée peut entraîner des impacts plus importants en cas de tremblement de terre, notamment un plus grand nombre de victimes, des besoins accrus en matière de secours et de soins médicaux d'urgence, ainsi que des défis logistiques pour l'évacuation et le déplacement des populations touchées.

Identification des zones à risque : Les zones urbaines densément peuplées sont généralement plus vulnérables aux dommages causés par les tremblements de terre en raison de la concentration de bâtiments et d'infrastructures critiques. Identifiez les quartiers les plus peuplés de votre région et évaluez leur résilience aux tremblements de terre.

Planification de l'évacuation : En tenant compte de la densité de population, identifiez les itinéraires d'évacuation et les zones de refuge pour les habitants en cas de tremblement de terre. Assurez-vous que les plans d'urgence prennent en compte le nombre élevé de personnes à évacuer et fournissent des directives claires pour assurer la sécurité de tous.

Sensibilisation du public : La sensibilisation du public dans les zones densément peuplées est essentielle pour promouvoir la préparation aux tremblements de terre, y compris la sensibilisation aux risques, l'éducation sur les mesures de sécurité et la diffusion d'informations sur les plans d'urgence et les ressources disponibles.

Renforcement des infrastructures critiques : En tenant compte de la densité de population, priorisez le renforcement des infrastructures critiques telles que les hôpitaux, les écoles, les refuges d'urgence et les systèmes d'approvisionnement en eau et en électricité pour assurer leur résilience aux tremblements de terre.

Consulter les autorités locales

Consulter les autorités locales est une étape essentielle pour obtenir des informations précises et des conseils sur les risques sismiques dans votre région. Voici comment vous pouvez procéder :

Contacter les services de gestion des urgences : Les services de gestion des urgences au niveau local ou régional sont chargés de planifier et de coordonner les réponses aux situations d'urgence, y compris les tremblements de terre. Vous pouvez contacter ces organismes pour obtenir des informations sur les risques sismiques dans votre région, ainsi que des conseils sur la préparation aux tremblements de terre.

Consulter les départements de la construction et de l'urbanisme : Les départements locaux de la construction et de l'urbanisme sont responsables de l'application des codes du bâtiment et de l'inspection des structures. Ils peuvent vous fournir des informations sur les normes de construction sismique dans votre région et sur la sécurité des bâtiments existants.

Se renseigner auprès des services géologiques : Les services géologiques locaux ou régionaux étudient l'activité sismique et les risques géologiques dans votre région. Ils peuvent fournir des cartes des failles géologiques, des rapports sur l'activité sismique passée et des conseils sur les zones à risque de tremblements de terre.

Participer aux réunions communautaires : Les autorités locales organisent souvent des réunions communautaires pour discuter des risques naturels et des mesures de préparation. Assistez à ces réunions pour poser des questions, obtenir des informations supplémentaires et rencontrer d'autres membres de la communauté intéressés par la préparation aux tremblements de terre.

Évaluer la vulnérabilité de votre domicile et de votre lieu de travail

Pour évaluer la vulnérabilité de votre domicile et de votre lieu de travail aux tremblements de terre, vous pouvez suivre ces étapes :

Examiner la structure du bâtiment

Pour examiner la structure du bâtiment, voici quelques éléments à prendre en compte :

Matériaux de construction : Identifiez les matériaux de construction utilisés dans la construction du bâtiment. Les bâtiments en béton armé, en acier ou en bois sont généralement plus résistants aux tremblements de terre que les bâtiments en briques non renforcées ou en terre cuite.

Fondations : Vérifiez l'état des fondations du bâtiment. Des fondations solides et bien conçues sont essentielles pour assurer la stabilité du bâtiment lors d'un tremblement de terre.

Structure porteuse : Examinez les murs porteurs, les poutres et les colonnes pour détecter d'éventuelles fissures, déformations ou affaiblissements. Ces éléments doivent être en bon état et capables de supporter les charges sismiques.

Connexions structurelles : Vérifiez la qualité des connexions structurelles, telles que les attaches des murs aux fondations, des planchers aux murs et des toits aux murs. Assurez-vous que ces connexions sont solides et bien fixées pour éviter les défaillances structurelles lors d'un tremblement de terre.

Toit : Évaluez l'état du toit du bâtiment. Assurez-vous qu'il est correctement fixé à la structure et qu'il est capable de résister aux forces sismiques sans s'effondrer.

Ouvertures : Inspectez les portes, les fenêtres et les autres ouvertures du bâtiment pour détecter les faiblesses structurelles et les risques de rupture ou de chute d'objets lors d'un tremblement de terre.

En examinant attentivement la structure du bâtiment, vous pouvez identifier les éventuelles vulnérabilités et prendre des mesures pour renforcer la résilience du bâtiment aux tremblements de terre.

Rechercher les points faibles

Pour rechercher les points faibles dans la structure d'un bâtiment, vous devez examiner attentivement différents éléments pour détecter les signes de vulnérabilité aux tremblements de terre. Voici quelques points à considérer lors de cette évaluation :

Fissures dans les murs : Recherchez des fissures dans les murs intérieurs et extérieurs du bâtiment. Les fissures peuvent indiquer des mouvements ou des contraintes structurelles causés par des tremblements de terre antérieurs ou une instabilité structurelle.

Affaissement des planchers ou des plafonds : Observez tout signe d'affaissement ou de déformation des planchers ou des plafonds, ce qui pourrait indiquer des problèmes de stabilité ou de support structurel.

Dommages aux fondations : Examinez attentivement les fondations du bâtiment pour détecter tout dommage, tel que des fissures, des affaissements ou des déplacements. Les dommages aux fondations peuvent compromettre la stabilité générale du bâtiment.

Faiblesses aux intersections : Vérifiez les intersections entre les murs, les plafonds et les planchers pour détecter tout signe de faiblesse ou de séparation. Ces zones sont souvent des points faibles où les dommages peuvent commencer à se propager lors d'un tremblement de terre.

Fixations inadéquates : Assurez-vous que les éléments structurels, tels que les murs, les poutres et les colonnes, sont correctement fixés les uns aux autres et aux fondations du bâtiment. Des fixations inadéquates peuvent compromettre la résistance du bâtiment aux forces sismiques.

Qualité des matériaux : Évaluez la qualité des matériaux de construction utilisés dans le bâtiment. Des matériaux de qualité inférieure ou des techniques de construction défectueuses peuvent rendre le bâtiment plus vulnérable aux tremblements de terre.

Évaluer la conformité aux normes de construction sismique

Pour évaluer la conformité aux normes de construction sismique d'un bâtiment, vous pouvez suivre ces étapes :

Consulter les codes du bâtiment locaux : Vérifiez les codes du bâtiment en vigueur dans votre région pour comprendre les normes de construction sismique qui s'appliquent aux nouveaux bâtiments ainsi qu'aux rénovations ou aux ajouts structurels. Ces codes spécifient les exigences minimales pour la résistance aux tremblements de terre.

Examiner les plans de construction : Si possible, consultez les plans de construction du bâtiment pour vérifier s'ils ont été conçus et construits conformément aux normes de construction sismique en vigueur au moment de la construction. Recherchez des détails tels que les techniques de renforcement structurel, les types de matériaux utilisés et les systèmes de fixation.

Effectuer une inspection visuelle : Examinez la structure du bâtiment pour rechercher des signes de conformité aux normes de construction sismique, tels que des renforcements structurels, des dispositifs de connexion sismique et des éléments de résistance aux forces latérales. Les éléments clés à examiner incluent les murs de contreventement, les poutres et les colonnes renforcées, ainsi que les systèmes de fondation.

Vérifier les certifications : Si le bâtiment a été construit récemment ou a été rénové, vérifiez si des certifications de conformité aux normes de construction sismique ont été délivrées par les autorités locales ou des organismes de certification. Ces certifications peuvent attester que le bâtiment répond aux exigences sismiques applicables.

Identifier les objets lourds et fragiles

Pour identifier les objets lourds et fragiles dans votre domicile ou lieu de travail, vous pouvez suivre ces étapes :

Faire une inspection visuelle : Parcourez chaque pièce et examinez attentivement les meubles, les équipements et les objets présents. Recherchez les objets qui sont à la fois lourds et fragiles, tels que les grands meubles en bois, les électroménagers, les miroirs, les lustres, etc.

Noter les objets potentiellement dangereux : Faites une liste des objets que vous identifiez comme étant à la fois lourds et fragiles. Notez leur emplacement dans chaque pièce afin de pouvoir prendre des mesures spécifiques pour les sécuriser en cas de tremblement de terre.

Évaluer les risques de chute : Pensez à la façon dont ces objets pourraient se comporter pendant un tremblement de terre. Les objets lourds et fragiles placés en hauteur, sur des étagères ou des meubles instables, présentent un risque particulièrement élevé de chute et de blessure en cas de secousse sismique.

Fixer les objets en place : Utilisez des dispositifs de fixation robustes tels que des sangles, des crochets ou des supports muraux pour sécuriser les objets lourds et fragiles. Fixez-les solidement aux murs, aux étagères ou aux meubles stables pour éviter qu'ils ne tombent ou ne se renversent pendant un tremblement de terre.

Déplacer les objets si nécessaire : Si possible, déplacez les objets lourds et fragiles loin des zones à risque, telles que les fenêtres, les portes ou les zones de circulation. Placez-les sur des surfaces stables et basses pour réduire les risques de chute et de dommages en cas de tremblement de terre.

Vérifier les installations de gaz et d'eau

Pour vérifier les installations de gaz et d'eau dans votre domicile ou lieu de travail afin de les sécuriser en cas de tremblement de terre, suivez ces étapes :

Localisez les vannes principales : Identifiez l'emplacement des vannes principales d'arrêt pour le gaz naturel et l'eau dans votre bâtiment. Ces vannes permettent de couper rapidement l'alimentation en cas d'urgence.

Vérifiez les vannes et les raccords : Examinez les vannes de gaz et d'eau pour vous assurer qu'elles sont en bon état de fonctionnement et qu'il n'y a pas de fuites ou de dommages visibles. Assurez-vous également que les raccords sont bien serrés et ne présentent pas de signes de corrosion ou de fuite.

Installez des dispositifs de coupure automatique : Si possible, installez des dispositifs de coupure automatique pour le gaz naturel et l'eau. Ces dispositifs détectent les fuites et coupent automatiquement l'alimentation pour éviter les risques d'incendie ou d'inondation en cas de tremblement de terre.

Étiquetez les vannes principales : Assurez-vous que les vannes principales d'arrêt pour le gaz naturel et l'eau sont clairement étiquetées et faciles d'accès. Tous les occupants du bâtiment doivent savoir où se trouvent ces vannes et comment les utiliser en cas d'urgence.

Prévoyez des outils d'urgence : Gardez à portée de main les outils nécessaires pour fermer les vannes de gaz et d'eau en cas d'urgence, tels qu'une clé à molette ou une clé spéciale pour les vannes de gaz. Assurez-vous que ces outils sont facilement accessibles et que tout le monde sait comment les utiliser.

Formez les occupants : Assurez-vous que tous les occupants du bâtiment sont formés sur la façon de réagir en cas de fuite de gaz ou d'eau. Ils doivent savoir comment fermer les vannes principales d'arrêt et quoi faire en cas d'urgence.

Élaborer un plan d'évacuation

Pour élaborer un plan d'évacuation en cas de tremblement de terre pour votre domicile ou lieu de travail, suivez ces étapes :

Identifiez les sorties d'urgence : Repérez toutes les sorties d'urgence disponibles dans le bâtiment, y compris les portes, les fenêtres et les escaliers. Assurez-vous que ces sorties sont facilement accessibles et dégagées en tout temps.

Déterminez les itinéraires d'évacuation : Établissez des itinéraires d'évacuation clairs et sûrs vers les zones de refuge ou les espaces extérieurs sécurisés. Identifiez plusieurs chemins alternatifs au cas où certains seraient bloqués ou impraticables.

Désignez des zones de refuge : Identifiez des zones de refuge sûres à l'intérieur et à l'extérieur du bâtiment où les occupants peuvent se rassembler en cas de tremblement de terre. Choisissez des zones éloignées des fenêtres, des portes et des objets lourds susceptibles de tomber.

Communiquez le plan d'évacuation : Informez tous les occupants du bâtiment sur le plan d'évacuation, en fournissant des instructions claires sur les actions à prendre en cas de tremblement de terre. Affichez des cartes d'évacuation dans des endroits stratégiques et organisez des séances de formation régulières sur les procédures d'évacuation.

Préparez une trousse d'urgence : Rassemblez une trousse d'urgence contenant des fournitures essentielles telles que de l'eau, de la nourriture non périssable, des médicaments, une lampe de poche, des piles, une trousse de premiers secours et des couvertures. Assurez-vous que cette trousse est facilement accessible et connue de tous les occupants du bâtiment.

Pratiquez régulièrement : Organisez des exercices d'évacuation réguliers pour permettre aux occupants de se familiariser avec les itinéraires d'évacuation et les zones de refuge. Utilisez ces exercices pour identifier les éventuels problèmes et améliorer le plan d'évacuation en conséquence.

Révisez et mettez à jour le plan : Passez régulièrement en revue le plan d'évacuation pour vous assurer qu'il reste à jour et pertinent. Apportez des modifications en fonction des changements dans la structure du bâtiment, du nombre d'occupants ou des leçons apprises lors d'exercices d'évacuation.

Planification familiale

Élaborer un plan d'urgence familial

Élaborer un plan d'urgence familial est essentiel pour assurer la sécurité et le bien-être de votre famille en cas de tremblement de terre ou de toute autre situation d'urgence. Voici les étapes à suivre pour créer un plan d'urgence familial efficace :

Identifiez les risques potentiels

Pour identifier les risques potentiels auxquels votre famille pourrait être confrontée, suivez ces étapes :

Évaluez les risques naturels : Identifiez les risques naturels courants dans votre région, tels que les tremblements de terre, les inondations, les tempêtes, les incendies de forêt, les tempêtes de neige, etc. Renseignez-vous sur la fréquence et l'impact potentiel de ces événements dans votre communauté.

Considérez les risques technologiques : Pensez aux risques technologiques auxquels vous pourriez être exposé, tels que les pannes de courant, les fuites de gaz, les accidents industriels, les ruptures de barrages, etc. Identifiez les installations industrielles, les pipelines ou les infrastructures critiques à proximité de votre domicile qui pourraient représenter des dangers potentiels.

Évaluez les risques sociaux : Prenez en compte les risques sociaux ou de sécurité qui pourraient affecter votre famille, tels que les crimes, les émeutes, les troubles civils, etc. Renseignez-vous sur les tendances locales en matière de sécurité et de criminalité et prenez des mesures pour vous protéger en conséquence.

Examinez les risques liés à la santé : Identifiez les risques pour la santé qui pourraient affecter votre famille, tels que les pandémies, les épidémies de maladies infectieuses, les accidents domestiques, etc. Assurez-vous d'avoir accès à des services médicaux d'urgence et à des fournitures médicales adéquates en cas de besoin.

Évaluez les risques spécifiques à votre domicile : Passez en revue les caractéristiques de votre domicile, telles que son âge, sa localisation, sa structure et ses installations, pour identifier les risques potentiels spécifiques qui pourraient vous affecter en cas d'urgence.

Impliquez toute la famille : Impliquez tous les membres de la famille dans le processus d'identification des risques potentiels en encourageant la discussion ouverte et en partageant des informations pertinentes sur les dangers et les menaces possibles.

Créez une trousse de secours

Pour créer une trousse de secours pour votre famille en cas de tremblement de terre ou d'autres urgences, suivez ces étapes :

Choisissez un contenant : Sélectionnez un contenant robuste et étanche pour stocker vos fournitures d'urgence. Un sac à dos, une boîte de rangement ou un conteneur étanche peuvent être de bonnes options pour garder vos fournitures organisées et facilement accessibles.

Rassemblez de l'eau et de la nourriture : Stockez de l'eau potable en quantité suffisante pour votre famille pendant au moins trois jours. Prévoyez également des aliments non périssables faciles à préparer, tels que des barres énergétiques, des conserves, des biscuits, des fruits secs et des aliments en conserve.

Incluez des fournitures médicales : Rassemblez une trousse de premiers secours comprenant des pansements adhésifs, des compresses stériles, du désinfectant, des ciseaux, des bandages, des médicaments courants (antidouleurs, antihistaminiques, médicaments contre les brûlures d'estomac, etc.) et tout autre article nécessaire pour les soins d'urgence.

Ajoutez des articles d'hygiène personnelle : Incluez des articles d'hygiène personnelle tels que du savon, du shampoing, du dentifrice, des brosses à dents, des serviettes hygiéniques, des lingettes désinfectantes, des sacs poubelles et des désinfectants pour les mains.

Prévoyez des articles de sécurité : Ajoutez des articles de sécurité tels que des lampes de poche, des piles de rechange, des bougies, des allumettes étanches, un sifflet, une radio portable à piles ou à manivelle, des couvertures de survie, des vêtements chauds et des chaussures robustes.

Incluez des articles pour les enfants et les animaux de compagnie : Si vous avez des enfants ou des animaux de compagnie, n'oubliez pas d'inclure des articles supplémentaires tels que des couches, des jeux, des jouets, de la nourriture pour bébé et de la nourriture pour animaux de compagnie, ainsi que des médicaments ou des fournitures spécifiques.

Gardez des copies des documents importants : Faites des copies des documents d'identification, des certificats de naissance, des passeports, des contrats d'assurance, des relevés bancaires, des prescriptions médicales et d'autres documents importants. Stockez-les dans un sac étanche ou une pochette de documents pour les protéger de l'humidité et de l'eau.

Révisez et mettez à jour régulièrement : Passez en revue votre trousse de secours régulièrement pour vous assurer que les fournitures sont à jour et en bon état. Remplacez les articles périmés ou endommagés et ajustez les fournitures en fonction des besoins changeants de votre famille.

Établissez un point de rencontre

Pour établir un point de rencontre en cas de tremblement de terre ou d'autres urgences, suivez ces étapes :

Choisissez un point de rencontre sûr : Sélectionnez un lieu situé à l'extérieur de votre domicile et à une distance sûre des bâtiments, des arbres et des lignes électriques. Le point de rencontre peut être un parc, un terrain de stationnement, un terrain de jeux ou tout autre endroit ouvert et facilement identifiable.

Assurez-vous que le point de rencontre est accessible : Choisissez un point de rencontre accessible à pied en quelques minutes depuis votre domicile. Assurez-vous que tous les membres de la famille, y compris les enfants et les personnes âgées, sont capables de s'y rendre rapidement et en toute sécurité.

Communiquez l'emplacement : Informez tous les membres de la famille de l'emplacement du point de rencontre et assurez-vous qu'ils comprennent qu'ils doivent s'y rendre en cas d'évacuation ou d'urgence. Utilisez des repères facilement reconnaissables pour décrire l'emplacement, comme un bâtiment spécifique, un monument ou une caractéristique naturelle.

Précisez les circonstances d'utilisation : Expliquez clairement dans quelles circonstances le point de rencontre doit être utilisé, comme en cas d'évacuation due à un tremblement de terre, un incendie ou toute autre situation d'urgence nécessitant une évacuation de votre domicile.

Passez en revue le plan avec votre famille : Discutez du plan de point de rencontre avec tous les membres de la famille et assurez-vous qu'ils comprennent son importance et son utilisation. Répétez régulièrement les instructions pour vous assurer que tout le monde se souvient de l'emplacement et des procédures à suivre.

Envisagez des points de rencontre alternatifs : Envisagez d'avoir des points de rencontre alternatifs au cas où le premier serait inaccessible ou indisponible. Choisissez des lieux situés à des distances différentes de votre domicile pour répondre à différents scénarios d'évacuation ou d'urgence.

Utilisez des contacts d'urgence : Si vous êtes séparé de vos proches pendant une urgence, utilisez des contacts d'urgence désignés pour communiquer et vous retrouver. Établissez une liste de contacts prioritaires et partagez-la avec tous les membres de la famille.

Créez un plan d'évacuation

Pour créer un plan d'évacuation en cas de tremblement de terre, suivez ces étapes :

Cartographiez votre domicile : Dessinez un plan de votre domicile en identifiant toutes les sorties possibles, y compris les portes, les fenêtres et les issues de secours. Assurez-vous que chaque membre de la famille comprend le plan et sait comment se déplacer dans chaque pièce.

Identifiez les itinéraires d'évacuation : Déterminez les itinéraires d'évacuation les plus sûrs depuis chaque pièce de votre domicile vers l'extérieur. Assurez-vous que ces itinéraires sont dégagés de tout obstacle et qu'ils mènent à des zones de refuge ou à un point de rencontre prédéterminé.

Priorisez la sécurité : Envisagez les dangers potentiels tels que les objets lourds qui pourraient tomber, les fils électriques, les sources de chaleur et les produits chimiques. Évitez ces dangers autant que possible en choisissant les itinéraires d'évacuation les plus sûrs et en enseignant à votre famille à les éviter également.

Créez des plans d'évacuation spécifiques : Si vous avez des membres de la famille ayant des besoins spéciaux, comme des jeunes enfants, des personnes âgées ou des personnes handicapées, élaborez des plans d'évacuation spécifiques pour répondre à leurs besoins. Prévoyez des moyens d'assistance supplémentaires si nécessaire.

Prévoyez des lieux de refuge : Identifiez des zones de refuge sûres à l'intérieur et à l'extérieur de votre domicile où votre famille peut se rassembler en cas de tremblement de terre. Choisissez des endroits éloignés des fenêtres, des portes et des objets lourds susceptibles de tomber.

Enseignez et pratiquez : Passez en revue le plan d'évacuation avec tous les membres de la famille et assurez-vous qu'ils comprennent les itinéraires d'évacuation et les zones de refuge. Pratiquez régulièrement des exercices d'évacuation pour vous assurer que tout le monde sait quoi faire en cas d'urgence.

Révisez et ajustez régulièrement : Passez régulièrement en revue et ajustez votre plan d'évacuation en fonction des changements dans votre domicile, de l'ajout de nouveaux membres de la famille ou des leçons apprises lors des exercices d'évacuation. Assurez-vous que votre plan reste à jour et efficace en cas de tremblement de terre.

En créant un plan d'évacuation détaillé et en le pratiquant régulièrement avec votre famille, vous pouvez augmenter les chances de survie et de sécurité en cas de tremblement de terre ou d'autres urgences. Assurez-vous que tous les membres de la famille comprennent le plan et sont prêts à agir en cas d'urgence.

Affectez des responsabilités

Affecter des responsabilités spécifiques à chaque membre de la famille est essentiel pour assurer une réponse rapide et coordonnée en cas de tremblement de terre. Voici quelques exemples de responsabilités que vous pouvez assigner à chaque membre de la famille :

Responsable des premiers secours : Cette personne sera chargée de fournir les premiers secours en cas de blessure. Elle doit être formée aux premiers secours et savoir comment administrer les premiers soins de base en cas d'urgence.

Responsable de l'évacuation des enfants : Si vous avez des enfants, désignez une personne pour les évacuer en toute sécurité hors du domicile en cas d'urgence. Cette personne devrait être capable de rassembler les enfants et de les conduire vers une zone de refuge prédéterminée.

Responsable de l'évacuation des animaux de compagnie : Si vous avez des animaux de compagnie, désignez une personne pour s'occuper de leur évacuation en cas d'urgence. Cette personne devrait savoir comment rassembler les animaux et les emmener vers un endroit sûr.

Responsable de la communication : Cette personne sera chargée de communiquer avec les autorités locales, les voisins et les membres de la famille en dehors de la zone touchée par le tremblement de terre pour leur faire savoir que vous êtes en sécurité. Assurez-vous qu'elle a accès à un téléphone portable chargé ou à une radio portable pour rester en contact.

Responsable de l'extinction des incendies : Cette personne sera chargée d'éteindre les incendies et d'empêcher leur propagation en utilisant un extincteur ou d'autres moyens disponibles. Assurez-vous qu'elle connaît l'emplacement des extincteurs et sait comment les utiliser correctement.

Responsable de l'évacuation des personnes âgées ou handicapées : Si vous avez des membres de la famille âgés ou handicapés, désignez une personne pour les aider à évacuer en toute sécurité. Cette personne devrait être capable de les aider à se déplacer et à les accompagner vers une zone de refuge.

Responsable de la trousse de secours : Cette personne sera chargée de récupérer la trousse de secours et de fournir les fournitures médicales nécessaires en cas de blessure. Assurez-vous qu'elle connaît l'emplacement de la trousse de secours et sait comment l'utiliser correctement.

Communiquez et pratiquez

Une fois que vous avez établi les responsabilités pour chaque membre de la famille en cas de tremblement de terre, il est essentiel de communiquer ces informations et de pratiquer régulièrement le plan d'urgence. Voici comment vous pouvez procéder :

Réunion familiale : Organisez une réunion familiale pour discuter du plan d'urgence, des responsabilités assignées et des procédures à suivre en cas de tremblement de terre. Assurez-vous que chaque membre de la famille comprend son rôle et l'importance de la préparation.

Affichage du plan : Affichez le plan d'urgence dans un endroit visible de la maison, comme sur le réfrigérateur ou à côté du tableau de bord familial. Cela servira de rappel constant à tous les membres de la famille et leur permettra de se familiariser avec les détails du plan.

Pratique régulière : Organisez des exercices d'urgence réguliers pour mettre en pratique le plan d'évacuation et les responsabilités assignées. Simulez différentes situations d'urgence et assurez-vous que chaque membre de la famille sait quoi faire dans chaque scénario.

Utilisez des rappels : Utilisez des rappels périodiques pour répéter les informations clés sur le plan d'urgence et les responsabilités assignées. Cela peut inclure des discussions en famille régulières, des séances de formation supplémentaires et des exercices de rappel spontanés.

Encouragez la participation : Encouragez tous les membres de la famille à participer activement aux exercices d'urgence et à poser des questions s'ils ne comprennent pas quelque chose. Favorisez un environnement ouvert et encourageant où chacun se sent à l'aise pour partager ses préoccupations et ses idées.

Réévaluez et ajustez : Après chaque exercice d'urgence, prenez le temps de réévaluer le plan et les performances de la famille. Identifiez les points forts et les domaines à améliorer, puis ajustez le plan en conséquence pour une meilleure préparation à l'avenir.

Restez informé

Pour rester informé et au courant des derniers développements concernant les tremblements de terre et autres situations d'urgence, suivez ces conseils :

Abonnez-vous aux alertes et aux notifications d'urgence : Inscrivez-vous aux alertes et aux notifications d'urgence fournies par les autorités locales, telles que les services d'alerte SMS, les applications mobiles d'alerte météo et les systèmes d'alerte d'urgence. Ces services vous tiendront informé des événements et des avertissements importants dans votre région.

Suivez les médias sociaux et les sites Web officiels : Suivez les comptes de médias sociaux des agences gouvernementales locales, des services météorologiques et des organismes de gestion des urgences pour obtenir des mises à jour en temps réel sur les conditions météorologiques et les situations d'urgence. Consultez également les sites Web officiels de ces organisations pour accéder à des informations fiables et à jour.

Écoutez les bulletins d'information et les stations de radio locales : Restez à l'écoute des bulletins d'information et des stations de radio locales pour obtenir des informations sur les événements en cours et les consignes de sécurité. Les stations de radio locales peuvent diffuser des alertes d'urgence et des conseils importants en cas de tremblement de terre ou d'autres situations d'urgence.

Utilisez des applications mobiles : Téléchargez des applications mobiles spécifiquement conçues pour fournir des informations sur les tremblements de terre et d'autres catastrophes naturelles. Ces applications peuvent vous alerter en cas de tremblement de terre, vous fournir des informations sur les zones touchées et vous donner des conseils sur la sécurité.

Restez en contact avec vos voisins et votre communauté : Établissez des liens avec vos voisins et d'autres membres de votre communauté pour partager des informations et des ressources en cas d'urgence. Créez un réseau de soutien mutuel pour vous aider les uns les autres en cas de besoin.

Éduquez-vous sur la préparation aux tremblements de terre : Informez-vous sur les mesures de préparation aux tremblements de terre et les consignes de sécurité recommandées par les experts. Connaître les bons réflexes à adopter en cas de tremblement de terre peut vous aider à réagir de manière appropriée en cas d'urgence.

Organiser des exercices de simulation

Que vous viviez seul ou en famille, organiser des exercices de simulation est essentiel pour vous préparer à réagir efficacement en cas de tremblement de terre ou d'autres situations d'urgence. Voici comment procéder :

Pour ceux qui vivent seuls

Planifiez l'exercice

Si vous vivez seul, planifier un exercice de simulation est tout aussi important pour vous préparer à réagir efficacement en cas de tremblement de terre ou d'autres urgences. Voici comment vous pouvez planifier cet exercice :

Choisissez une date et une heure : Sélectionnez un moment où vous disposez de suffisamment de temps pour vous préparer et mener l'exercice en toute sécurité. Assurez-vous de ne pas être pressé ou distrait pendant l'exercice.

Déterminez le scénario : Choisissez un scénario réaliste pour la simulation, tel qu'un tremblement de terre de magnitude modérée. Imaginez les circonstances et les effets probables d'un tel événement dans votre domicile.

Identifiez les actions à entreprendre : Passez en revue les mesures de sécurité que vous devez prendre en cas de tremblement de terre. Cela peut inclure vous abriter sous un meuble solide, vous éloigner des fenêtres et des objets qui pourraient tomber, et vous préparer à évacuer si nécessaire.

Préparez votre environnement : Avant de commencer l'exercice, assurez-vous que votre domicile est sûr et que vous disposez de tout ce dont vous avez besoin pour pratiquer en toute sécurité. Éloignez les objets fragiles ou lourds susceptibles de tomber pendant l'exercice.

Informez un proche : Si possible, informez un ami ou un membre de votre famille de l'exercice que vous allez effectuer. Cela leur permettra de savoir que vous effectuez un exercice de simulation et qu'ils pourront vous contacter en cas de besoin.

Utilisez des rappels sonores : Utilisez une alarme ou un minuteur pour indiquer le début de l'exercice. Cela simule le déclenchement d'un tremblement de terre et vous permet de commencer à réagir en conséquence.

Évaluez votre performance : Après avoir terminé l'exercice, évaluez vos actions et identifiez les points forts et les domaines à améliorer. Réfléchissez à ce qui a bien fonctionné et à ce qui pourrait être ajusté pour vous préparer encore mieux à l'avenir.

Déterminez le scénario

Lorsque vous déterminez le scénario pour votre exercice de simulation de tremblement de terre, essayez de choisir une situation réaliste qui pourrait se produire dans votre région. Voici quelques éléments à prendre en compte pour définir votre scénario :

Magnitude du tremblement de terre : Tenez compte de la magnitude probable du tremblement de terre dans votre région. Si vous vivez dans une zone à risque sismique élevé, envisagez un tremblement de terre de magnitude modérée à importante.

Heure et lieu : Choisissez l'heure et le lieu de votre simulation en fonction de vos habitudes quotidiennes et de l'emplacement de votre domicile. Imaginez que le tremblement de terre se produit pendant la journée ou la nuit, et décidez où vous seriez probablement à ce moment-là.

Effets sur votre domicile : Envisagez les effets que le tremblement de terre pourrait avoir sur votre domicile, comme des objets qui tombent, des fissures dans les murs ou des dommages structurels. Pensez aux zones sûres où vous pourriez vous abriter et aux itinéraires d'évacuation possibles.

Réaction personnelle : Considérez votre propre réaction face à un tremblement de terre. Réfléchissez aux actions que vous prendriez instinctivement pour assurer votre sécurité, telles que vous abriter sous une table solide ou vous éloigner des fenêtres.

Pratiquez les actions à effectuer

Une fois que vous avez déterminé le scénario pour votre exercice de simulation de tremblement de terre, il est temps de pratiquer les actions que vous devriez entreprendre en cas d'urgence. Voici quelques actions à prendre en compte lors de la pratique :

Se mettre sous un abri solide : Identifiez les endroits sûrs dans votre domicile où vous pouvez vous abriter pendant un tremblement de terre, comme sous une table solide ou un bureau robuste. Pratiquez-vous à vous déplacer rapidement vers cet abri dès que vous ressentez les secousses.

Protégez-vous des objets qui tombent : Éloignez-vous des fenêtres, des murs extérieurs et des objets lourds ou fragiles qui pourraient tomber pendant un tremblement de terre. Apprenez à vous protéger en vous couvrant la tête et le cou avec vos bras pour éviter les blessures.

Évacuer en toute sécurité : Si votre domicile présente des risques immédiats, comme des fissures dans les murs ou des dommages structurels, pratiquez l'évacuation vers un endroit sûr à l'extérieur. Identifiez les itinéraires d'évacuation les plus sûrs et assurez-vous de savoir comment les atteindre rapidement.

Gardez votre calme : Pendant la simulation, essayez de rester calme et concentré. La panique peut aggraver la situation et vous empêcher de prendre les bonnes décisions.

Communiquez avec les autres : Si possible, pratiquez la communication avec vos voisins ou d'autres membres de votre famille pendant l'exercice de simulation. Échangez des informations sur votre sécurité et sur les mesures que vous prenez pour vous protéger.

Utilisez des aides visuelles : Utilisez des aides visuelles telles que des diagrammes ou des cartes pour vous aider à visualiser les actions que vous devez entreprendre pendant la simulation. Cela peut vous aider à vous souvenir des étapes importantes à suivre en cas d'urgence.

Utilisez des rappels sonores

L'utilisation de rappels sonores pendant votre exercice de simulation de tremblement de terre peut ajouter un élément de réalisme et vous aider à réagir de manière appropriée. Voici comment vous pouvez utiliser des rappels sonores :

Alarmes : Utilisez une alarme programmée sur votre téléphone portable ou une horloge pour déclencher le début de l'exercice.

Choisissez un son d'alarme fort et distinctif qui attire votre attention et vous rappelle que l'exercice commence.

Signaux sonores d'alerte : Si vous avez accès à un système d'alerte d'urgence ou à une radio météo, utilisez ces dispositifs pour simuler un signal sonore d'alerte de tremblement de terre. Ces signaux peuvent imiter les alertes d'urgence réelles diffusées par les autorités en cas de tremblement de terre imminent.

Bruits de secousse : Créez des bruits de secousse en secouant légèrement des objets dans votre domicile ou en utilisant des enregistrements sonores de tremblements de terre. Ces sons peuvent simuler les vibrations et les mouvements ressentis pendant un tremblement de terre et vous inciter à réagir rapidement.

Annonce vocale : Enregistrez une annonce vocale sur votre téléphone ou votre ordinateur pour simuler les instructions et les consignes données par les autorités en cas de tremblement de terre. Vous pouvez inclure des informations sur les mesures à prendre pour assurer votre sécurité et vous protéger des dangers potentiels.

Utilisation de haut-parleurs : Si vous avez des haut-parleurs connectés à votre système audio domestique, utilisez-les pour diffuser des sons d'alerte de tremblement de terre ou des instructions vocales pendant l'exercice. Assurez-vous que les haut-parleurs sont réglés à un volume suffisamment élevé pour être entendus dans toute la maison.

Évaluez vos performances

Après avoir terminé votre exercice de simulation de tremblement de terre, il est essentiel d'évaluer vos performances pour identifier les points forts et les domaines à améliorer. Voici comment procéder :

Réfléchissez aux actions prises : Passez en revue les actions que vous avez entreprises pendant l'exercice. Évaluez votre réaction initiale aux signaux sonores, votre capacité à identifier les zones de sécurité dans votre domicile, et les mesures que vous avez prises pour vous protéger.

Identifiez les points forts : Notez les actions que vous avez bien exécutées pendant l'exercice. Cela peut inclure votre rapidité à vous abriter sous un meuble solide, votre calme face à la situation, ou votre capacité à suivre les consignes de sécurité.

Identifiez les domaines à améliorer : Identifiez également les domaines où vous pourriez vous améliorer. Cela pourrait inclure des retards dans votre réaction initiale, des difficultés à identifier les zones de sécurité, ou des actions prises qui n'étaient pas optimales en fonction des recommandations de sécurité.

Réfléchissez aux leçons apprises : Réfléchissez aux leçons que vous avez apprises pendant l'exercice et comment vous pouvez les appliquer à l'avenir. Pensez aux ajustements que vous pourriez apporter à votre plan d'urgence personnel ou à votre comportement en cas de tremblement de terre réel.

Prévoyez des actions correctives : En fonction de votre évaluation, prévoyez des actions correctives pour renforcer votre préparation et améliorer votre réaction en cas de tremblement de terre futur. Cela pourrait inclure des séances d'entraînement supplémentaires, des ajustements à votre plan d'urgence, ou des conseils sur la manière de réagir plus efficacement en cas d'urgence.

Répétez régulièrement : Répétez régulièrement des exercices de simulation pour maintenir vos compétences et votre préparation en cas de tremblement de terre. Utilisez les leçons apprises de chaque exercice pour vous améliorer et renforcer votre capacité à réagir de manière appropriée en cas d'urgence.

Pour ceux qui vivent en famille

Organiser des exercices de simulation pour la famille

Organiser des exercices de simulation pour la famille est une étape essentielle pour se préparer à réagir efficacement en cas de tremblement de terre ou d'autres situations d'urgence. Voici comment vous pouvez procéder :

Planifiez l'exercice

Voici comment planifier un exercice de simulation pour votre famille :

Choisissez une date et une heure : Sélectionnez un moment où tous les membres de la famille sont disponibles. Assurez-vous que vous disposez de suffisamment de temps pour préparer et mener l'exercice sans être pressé.

Déterminez le scénario : Choisissez un scénario réaliste de tremblement de terre, en tenant compte de la région où vous vivez et des risques sismiques locaux. Déterminez des détails tels que l'heure du jour, l'intensité du tremblement de terre et ses effets sur votre domicile.

Communiquez les instructions : Informez tous les membres de la famille du plan d'exercice. Expliquez le scénario, les actions à entreprendre et les zones de sécurité prédéterminées dans votre domicile.

Préparez l'environnement : Avant l'exercice, assurez-vous que votre domicile est sécurisé pour la simulation. Éloignez les objets fragiles ou lourds qui pourraient tomber, et assurez-vous que les zones de sécurité sont facilement accessibles.

Utilisez des rappels sonores : Utilisez une alarme ou un signal sonore pour indiquer le début de l'exercice. Cela permettra à tous les membres de la famille de savoir quand réagir comme s'il s'agissait d'un vrai tremblement de terre.

Impliquez toute la famille : Assignez des rôles à chaque membre de la famille pour rendre l'exercice plus réaliste. Par exemple, désignez un chef de famille chargé de donner des instructions, ou un responsable des premiers secours.

Réalisez l'exercice : Suivez le scénario prévu et encouragez chaque membre de la famille à agir en conséquence. Pratiquez-vous à vous abriter sous une table solide, à vous protéger des objets qui tombent et à évacuer si nécessaire.

Évaluez les performances : Une fois l'exercice terminé, discutez avec la famille des points forts et des domaines à améliorer. Identifiez les succès et les obstacles rencontrés afin de mieux vous préparer pour l'avenir.

Déterminez le scénario

Lors de la détermination du scénario pour l'exercice de simulation de tremblement de terre en famille, il est important de choisir un scénario réaliste qui reflète les risques potentiels dans votre région. Voici comment déterminer le scénario :

Magnitude du tremblement de terre : En fonction de la sismicité de votre région, choisissez une magnitude réaliste pour le tremblement de terre simulé. Par exemple, si vous vivez dans une zone à risque élevé, envisagez un tremblement de terre de magnitude modérée à importante.

Heure et lieu : Déterminez l'heure et le lieu du tremblement de terre simulé en tenant compte de la routine quotidienne de votre famille et de l'emplacement de votre domicile. Cela peut inclure des scénarios pendant la journée ou la nuit, ainsi que différents endroits dans et autour de votre maison.

Effets sur votre domicile : Envisagez les effets probables du tremblement de terre sur votre domicile, tels que des objets qui tombent, des dommages structurels ou des coupures d'électricité. Réfléchissez aux zones de sécurité dans votre maison et aux itinéraires d'évacuation possibles.

Réaction personnelle : Considérez la réaction de chaque membre de la famille au tremblement de terre simulé. Pensez aux actions qu'ils prendraient instinctivement pour assurer leur sécurité, telles que se mettre sous une table solide, s'éloigner des fenêtres ou s'abriter sous un cadre de porte.

Déroulement de l'exercice : Planifiez les étapes de l'exercice, y compris le déclenchement du tremblement de terre simulé, les actions à entreprendre pendant le tremblement de terre et les mesures d'après-tremblement de terre, telles que l'évaluation des dommages et la communication avec les secours.

Expliquez le plan

Expliquer le plan d'exercice à votre famille est essentiel pour assurer que chacun comprenne son rôle et les actions à entreprendre pendant la simulation de tremblement de terre. Voici comment vous pouvez expliquer le plan :

Réunion familiale : Rassemblez tous les membres de la famille dans un endroit où vous pouvez discuter confortablement et sans interruption.

Contextualisation : Commencez par expliquer pourquoi il est important de se préparer aux tremblements de terre et pourquoi vous organisez cet exercice de simulation. Mentionnez les risques potentiels dans votre région et l'importance de savoir comment réagir en cas d'urgence.

Description du scénario : Décrivez le scénario de tremblement de terre que vous avez choisi, y compris la magnitude estimée, l'heure et le lieu de l'événement simulé. Expliquez comment cela pourrait affecter votre domicile et votre famille.

Rôles et responsabilités : Expliquez les rôles et les responsabilités de chaque membre de la famille pendant l'exercice. Cela peut inclure des tâches telles que se mettre sous un abri solide, éteindre les appareils électriques, récupérer la trousse de premiers secours, ou s'occuper des animaux domestiques.

Actions à entreprendre : Décrivez les actions spécifiques que chaque membre de la famille doit entreprendre en cas de tremblement de terre, telles que se protéger sous une table solide, s'éloigner des fenêtres, ou évacuer vers un endroit sûr à l'extérieur.

Points de rassemblement : Identifiez les points de rassemblement sûrs à l'intérieur et à l'extérieur de votre domicile où vous vous retrouverez après le tremblement de terre. Assurez-vous que chaque membre de la famille sait où se rendre une fois qu'il est en sécurité.

Communication : Discutez de la manière dont vous allez communiquer pendant l'exercice, que ce soit en utilisant des signaux sonores, des mots-clés prédéfinis, ou des téléphones portables.

Assurez-vous que tout le monde sait comment communiquer efficacement pendant une situation d'urgence.

Réponses aux questions : Encouragez les membres de la famille à poser des questions et à clarifier tout ce qu'ils ne comprennent pas. Assurez-vous que tout le monde se sent à l'aise avec le plan et prêt à participer à l'exercice de simulation.

Identifiez les zones de sécurité

Identifier les zones de sécurité dans votre domicile est essentiel pour assurer la sécurité de votre famille pendant un tremblement de terre. Voici comment procéder pour identifier ces zones :

Choisissez des endroits solides : Identifiez les endroits solides dans votre domicile où les membres de votre famille peuvent se réfugier en cas de tremblement de terre. Les endroits sous des meubles solides comme une table ou un bureau sont généralement les plus sûrs.

Évitez les objets qui pourraient tomber : Évitez les zones où il y a des objets susceptibles de tomber pendant un tremblement de terre, comme près des étagères chargées, des lustres ou des cadres photo lourds.

Éloignez-vous des fenêtres : Évitez les zones près des fenêtres, car les vitres peuvent se briser en cas de secousse sismique. Les murs intérieurs sont généralement plus sûrs que les murs extérieurs.

Évitez les zones à risque : Évitez les zones où il y a des risques spécifiques, comme les pièces avec des équipements lourds suspendus au plafond, les zones où se trouvent des conduites de gaz ou d'eau, ou les endroits près des appareils électriques.

Identifiez les itinéraires d'évacuation : Identifiez également les itinéraires d'évacuation vers l'extérieur de votre domicile au cas où il serait nécessaire d'évacuer. Assurez-vous que tous les membres de la famille connaissent ces itinéraires et qu'ils sont dégagés de tout obstacle.

Envisagez un espace de rassemblement extérieur : Choisissez un espace de rassemblement extérieur sûr où tous les membres de la famille se retrouveront une fois qu'ils auront quitté le bâtiment. Cela peut être un endroit ouvert, comme le jardin ou l'allée, loin des bâtiments, des arbres et des lignes électriques.

Utilisez des rappels sonores

L'utilisation de rappels sonores pendant un exercice de simulation de tremblement de terre peut être très utile pour indiquer le début de l'exercice et simuler l'alarme d'urgence qui pourrait être déclenchée en cas de véritable tremblement de terre. Voici comment utiliser des rappels sonores efficacement :

Choisissez un son distinctif : Sélectionnez un son d'alarme fort et distinctif qui peut être entendu dans toute la maison. Cela pourrait être une sonnerie d'alarme sur un téléphone portable, une sirène d'urgence préenregistrée, ou tout autre son facilement reconnaissable.

Déclenchez le rappel sonore au début de l'exercice : Utilisez le rappel sonore pour indiquer le début de l'exercice de simulation de tremblement de terre. Cela avertit tous les membres de la famille que l'exercice commence et qu'ils doivent commencer à mettre en pratique leurs mesures de sécurité.

Répétez le rappel sonore si nécessaire : Si l'exercice dure plus longtemps que prévu ou si des membres de la famille ne répondent pas immédiatement au premier rappel, répétez le son pour les alerter à nouveau.

Utilisez des variations de sons : Utilisez différents sons pour simuler différentes situations d'urgence ou pour signaler des événements spécifiques pendant l'exercice. Par exemple, un son différent pourrait indiquer le début du tremblement de terre, le besoin d'évacuation, ou la fin de l'exercice.

Simulez des messages d'alerte : Si possible, utilisez des enregistrements ou des messages d'alerte pour simuler les avertissements d'urgence qui pourraient être diffusés par les autorités pendant un véritable tremblement de terre. Cela ajoute un réalisme supplémentaire à l'exercice.

Évaluez l'efficacité des rappels sonores : Après l'exercice, discutez avec les membres de la famille de l'efficacité des rappels sonores et de leur capacité à alerter rapidement tout le monde. Apportez des ajustements si nécessaire pour améliorer l'efficacité des rappels sonores lors des prochains exercices.

Pratiquez les actions à effectuer

Pratiquer les actions à effectuer pendant un tremblement de terre est essentiel pour que chaque membre de la famille sache quoi faire en cas d'urgence. Voici quelques actions à pratiquer pendant l'exercice de simulation :

Se mettre sous un abri solide : Pratiquez-vous à vous abriter sous une table solide ou un bureau dès que vous entendez le signal sonore indiquant le début du tremblement de terre.

Protéger la tête et le cou : Apprenez à vous protéger la tête et le cou en vous couvrant avec vos bras ou en vous accroupissant sous un meuble solide pour vous protéger des objets qui pourraient tomber.

Éloignez-vous des fenêtres : Pratiquez-vous à vous éloigner des fenêtres et des murs extérieurs pour éviter les risques de blessures dues aux vitres brisées ou aux chutes de débris.

Évitez de vous précipiter vers la sortie : Apprenez à rester calme et à éviter de vous précipiter vers la sortie pendant le tremblement de terre. Il est souvent plus sûr de rester où vous êtes jusqu'à ce que les secousses s'arrêtent.

Évacuez si nécessaire : Si vous êtes dans une zone à risque, comme un bâtiment endommagé ou près d'objets lourds instables, pratiquez-vous à évacuer vers un endroit sûr à l'extérieur une fois que les secousses se sont arrêtées.

Vérifiez les blessures après le tremblement de terre : Après l'exercice, pratiquez-vous à vérifier les blessures mineures et à administrer les premiers soins si nécessaire. Assurez-vous que chaque membre de la famille sait comment réagir en cas de blessure pendant un tremblement de terre.

Communiquez avec les autres membres de la famille : Pratiquez-vous à communiquer avec les autres membres de la famille pendant et après le tremblement de terre pour vous assurer que tout le monde est en sécurité et pour coordonner les prochaines étapes.

En pratiquant ces actions pendant l'exercice de simulation, vous vous assurez que chaque membre de la famille est préparé à réagir de manière appropriée en cas de tremblement de terre réel. Répétez régulièrement ces exercices pour maintenir vos compétences et votre préparation en cas d'urgence.

Évaluez les performances

Évaluer les performances de chaque membre de la famille après l'exercice de simulation de tremblement de terre est essentiel pour identifier les points forts et les domaines à améliorer. Voici comment procéder :

Observation directe : Observez attentivement les actions de chaque membre de la famille pendant l'exercice. Notez leur rapidité à réagir, leur capacité à suivre les consignes de sécurité et leur calme face à la situation.

Discussions en famille : Après l'exercice, organisez une réunion en famille pour discuter des performances de chacun. Encouragez les membres de la famille à partager leurs impressions, leurs observations et leurs réflexions sur ce qui s'est bien passé et ce qui pourrait être amélioré.

Identifiez les points forts : Mettez en évidence les actions positives et les points forts de chaque membre de la famille. Cela peut inclure leur réactivité, leur collaboration avec les autres membres de la famille, leur capacité à se protéger efficacement ou leur volonté d'aider les autres.

Identifiez les domaines à améliorer : Identifiez également les domaines où chaque membre de la famille pourrait s'améliorer. Cela peut inclure des retards dans la réaction initiale, des erreurs dans l'application des consignes de sécurité ou des comportements qui pourraient être dangereux en cas de véritable tremblement de terre.

Discussion constructive : Engagez une discussion constructive sur la manière dont chacun peut améliorer ses performances. Encouragez les membres de la famille à partager leurs idées et à proposer des solutions pour renforcer leur préparation aux tremblements de terre.

Encouragement et soutien : Faites preuve d'encouragement et de soutien envers chaque membre de la famille. Rappeler que l'apprentissage est un processus continu et que l'important est de tirer des leçons de chaque exercice pour s'améliorer à l'avenir.

Établissez des objectifs : En fonction des performances observées, établissez des objectifs individuels et collectifs pour renforcer la préparation de votre famille aux tremblements de terre. Assurez-vous que ces objectifs sont réalisables et spécifiques.

Planifiez des exercices de suivi : Planifiez des exercices de simulation de tremblement de terre réguliers pour permettre à chaque membre de la famille de mettre en pratique les leçons apprises et de mesurer les progrès réalisés dans leur préparation.

Répétez régulièrement

Répéter régulièrement des exercices de simulation de tremblement de terre est essentiel pour maintenir les compétences et la préparation de votre famille face à une situation d'urgence. Voici pourquoi la répétition est importante et comment vous pouvez la mettre en œuvre :

Renforcement des compétences : La répétition permet à chaque membre de la famille de renforcer ses compétences en matière de sécurité et de réagir plus rapidement et efficacement en cas de tremblement de terre réel.

Familiarisation avec les procédures : En répétant régulièrement les exercices, les membres de la famille deviennent plus familiers avec les procédures d'urgence et sont mieux préparés à les mettre en œuvre sans hésitation en cas de besoin.

Amélioration de la coordination : La répétition des exercices aide à améliorer la coordination entre les membres de la famille, ce qui est essentiel pour une réaction harmonieuse et efficace en cas d'urgence.

Maintien de la confiance : En pratiquant régulièrement, vous renforcez la confiance de votre famille dans sa capacité à faire face à un tremblement de terre. Cela peut réduire le stress et l'anxiété associés à une situation d'urgence.

Identification des lacunes : En répétant les exercices, vous avez l'occasion d'identifier les lacunes dans la préparation de votre famille et de prendre des mesures pour les corriger avant une véritable urgence.

Pour mettre en œuvre la répétition régulière des exercices de simulation de tremblement de terre :

Planifiez des exercices à intervalles réguliers, par exemple tous les trimestres ou tous les six mois, en fonction de vos besoins et de votre emploi du temps familial.

Impliquez activement tous les membres de la famille à chaque exercice pour garantir que chacun maintient ses compétences et sa préparation.

Apportez des ajustements à vos exercices en fonction des leçons apprises lors des exercices précédents pour améliorer continuellement votre plan d'urgence familial.

Profitez de chaque exercice comme une occasion d'apprentissage et de renforcement de la cohésion familiale.

Création d'une trousse d'urgence

Liste des fournitures essentielles à avoir en cas de tremblement de terre

Voici une liste des fournitures essentielles à inclure dans votre trousse d'urgence en cas de tremblement de terre :

Eau

Pour l'eau, assurez-vous d'avoir une quantité suffisante pour répondre aux besoins de votre famille pendant au moins 3 jours. Voici quelques recommandations pour inclure de l'eau dans votre trousse d'urgence :

Eau potable en bouteille : Stockez des bouteilles d'eau potable commercialement embouteillée. Prévoyez environ 3 à 4 litres d'eau par personne et par jour pour boire et pour l'hygiène personnelle.

Filtre à eau portable : Si vous avez accès à une source d'eau non contaminée, un filtre à eau portable peut être utile pour purifier l'eau avant de la boire. Assurez-vous d'avoir également des conteneurs propres pour stocker l'eau filtrée.

Purification de l'eau : Ajoutez des comprimés de purification de l'eau ou des gouttes d'iodure de potassium à votre trousse d'urgence pour purifier l'eau en cas de besoin. Suivez les instructions sur l'emballage pour une utilisation appropriée.

Récipients d'eau : Gardez des récipients d'eau propres et étanches pour stocker de l'eau supplémentaire si nécessaire. Les contenants en plastique ou en métal sont préférables et assurez-vous de les désinfecter régulièrement.

Hydratation des animaux domestiques : N'oubliez pas d'inclure de l'eau supplémentaire pour vos animaux domestiques si vous en avez. Prévoyez également des bols d'eau pliables ou des récipients pour leur donner à boire.

Nourriture non périssable

Pour la nourriture non périssable, choisissez des aliments qui peuvent être conservés sans réfrigération et qui fournissent une source d'énergie et de nutrition pendant une période prolongée. Voici quelques exemples d'aliments à inclure dans votre trousse d'urgence :

Barres énergétiques : Les barres énergétiques sont compactes, faciles à stocker et peuvent fournir une source rapide d'énergie. Choisissez des barres riches en protéines et en fibres.

Fruits secs : Les fruits secs comme les raisins secs, les abricots secs et les pruneaux sont riches en nutriments et peuvent être conservés pendant une longue période. Ils constituent également une excellente collation.

Pâtes et riz : Les pâtes et le riz sont des aliments de base qui peuvent être facilement stockés et préparés. Optez pour des variétés à cuisson rapide pour économiser de l'eau et du temps de cuisson.

Céréales : Les céréales sèches comme l'avoine, le blé et le maïs peuvent être consommées telles quelles ou mélangées avec de l'eau pour une source de glucides et de fibres.

Biscuits secs : Les biscuits secs ou craquelins sont durables et peuvent être une bonne alternative au pain frais. Choisissez des variétés à grains entiers pour une meilleure valeur nutritive.

Lait en poudre : Le lait en poudre peut être mélangé avec de l'eau pour fournir une source de calcium et de protéines. Assurez-vous d'avoir suffisamment d'eau pour le reconstituer.

Nourriture pour bébés et animaux domestiques : Si vous avez des bébés ou des animaux domestiques, assurez-vous d'inclure de la nourriture spéciale pour eux dans votre trousse d'urgence.

Assurez-vous de stocker suffisamment de nourriture pour couvrir les besoins alimentaires de votre famille pendant au moins 3 jours. Vérifiez régulièrement la date de péremption des aliments et remplacez-les si nécessaire pour garantir leur fraîcheur et leur sécurité.

Lampe de poche et piles de rechange

Une lampe de poche et des piles de rechange sont des éléments essentiels de toute trousse d'urgence, car ils vous permettent d'avoir un éclairage fiable en cas de coupure de courant lors d'un tremblement de terre. Voici quelques conseils pour choisir une lampe de poche et des piles de rechange :

Lampe de poche

Fiabilité : Choisissez une lampe de poche de qualité, robuste et fiable, fabriquée par une marque réputée pour sa durabilité.

Luminosité : Optez pour une lampe de poche avec une puissance lumineuse suffisante pour éclairer efficacement une pièce ou un espace extérieur.

Durée de vie de la batterie : Recherchez une lampe de poche à faible consommation d'énergie avec une longue durée de vie de la batterie, surtout si vous prévoyez de l'utiliser pendant de longues périodes.

Type de lampe : Les lampes de poche à LED sont généralement préférables car elles sont plus lumineuses, consomment moins d'énergie et ont une durée de vie plus longue que les ampoules traditionnelles.

Taille et portabilité : Choisissez une lampe de poche compacte et légère, facile à transporter dans votre trousse d'urgence ou à garder à portée de main.

Fonctionnalités supplémentaires : Certaines lampes de poche peuvent avoir des fonctionnalités supplémentaires telles que des modes d'éclairage différents (fort, faible, stroboscopique), une fonction de zoom ou une étanchéité pour une utilisation en extérieur.

Piles de rechange

Compatibilité : Assurez-vous d'avoir des piles de rechange compatibles avec votre lampe de poche. Les piles AA et AAA sont les plus couramment utilisées pour les lampes de poche.

Quantité : Stockez suffisamment de piles de rechange pour remplacer celles épuisées dans votre lampe de poche, en tenant compte de la durée prévue de l'utilisation de la lampe.

Stockage : Gardez les piles de rechange dans leur emballage d'origine ou dans un étui de protection pour éviter les courts-circuits ou les fuites.

Vérification régulière : Vérifiez régulièrement l'état des piles de rechange pour vous assurer qu'elles sont chargées et prêtes à être utilisées en cas d'urgence.

Radio à piles ou à manivelle

Une radio à piles ou à manivelle est un élément essentiel de toute trousse d'urgence, car elle vous permet de rester informé des informations vitales, des alertes météorologiques et des instructions des autorités en cas de coupure de courant ou de perte de communication. Voici quelques conseils pour choisir une radio à piles ou à manivelle pour votre trousse d'urgence :

Fiabilité : Choisissez une radio à piles ou à manivelle de qualité, fabriquée par une marque réputée pour sa durabilité et sa fiabilité en cas d'urgence.

Alimentation : Optez pour une radio qui peut être alimentée par piles, par batterie rechargeable, par énergie solaire ou par manivelle. Avoir plusieurs options d'alimentation vous permet de vous assurer que la radio fonctionnera même en cas de pénurie de piles.

Bande de fréquences : Recherchez une radio qui couvre une large gamme de fréquences, y compris les bandes AM, FM et NOAA (Service météorologique national aux États-Unis) pour recevoir des alertes météorologiques d'urgence.

Fonctionnalités supplémentaires : Certaines radios d'urgence peuvent avoir des fonctionnalités supplémentaires telles qu'une lampe de poche intégrée, un chargeur de téléphone portable, un port USB pour charger d'autres appareils, ou même un sifflet d'urgence intégré.

Portabilité : Choisissez une radio compacte et légère, facile à transporter dans votre trousse d'urgence ou à emporter lors de déplacements.

Durabilité : Assurez-vous que la radio est robuste et résistante aux chocs, à l'eau et aux conditions météorologiques difficiles pour une utilisation fiable en cas d'urgence.

Facilité d'utilisation : Optez pour une radio avec des commandes simples et intuitives, même dans des conditions d'urgence ou dans l'obscurité.

Testez la radio : Avant de mettre la radio dans votre trousse d'urgence, assurez-vous de la tester pour vous assurer qu'elle fonctionne correctement et qu'elle capte les stations de radio locales.

Trousse de premiers secours

Une trousse de premiers secours est un élément essentiel de toute trousse d'urgence, car elle vous permet de fournir des soins de premiers secours immédiats en cas de blessures mineures ou de situations d'urgence. Voici une liste des éléments essentiels à inclure dans votre trousse de premiers secours pour une préparation optimale :

Pansements adhésifs de différentes tailles : Pour couvrir les petites coupures, éraflures et ampoules.

Compresses stériles : Pour nettoyer et couvrir les plaies.

Bandages de gaze : Pour fixer les compresses en place et pour immobiliser les blessures.

Pansements adhésifs de taille spéciale (pansements papillon) : Pour fermer les plaies profondes ou les lacérations.

Gants jetables en latex ou en vinyle : Pour protéger le secouriste et le patient contre les infections.

Solution antiseptique ou lingettes désinfectantes : Pour nettoyer les plaies avant de les panser.

Ciseaux à bouts ronds : Pour couper les bandages ou les vêtements sans risquer de blesser le patient.

Pince à écharde : Pour retirer les échardes ou les petits corps étrangers de la peau.

Ruban adhésif : Pour fixer les bandages en place ou improviser des attelles.

Couverture de survie : Pour maintenir la chaleur corporelle et protéger contre l'hypothermie.

Crème ou gel pour brûlures : Pour soulager la douleur des brûlures mineures.

Médicaments courants : Comme des analgésiques (paracétamol, ibuprofène), des antihistaminiques (pour les réactions allergiques légères) et des médicaments contre les nausées et les vomissements.

Gel hydroalcoolique : Pour se désinfecter les mains avant de prodiguer des soins.

Instructions de premiers secours : Un guide de premiers secours pour vous aider à traiter correctement les blessures.

Couverture de survie

Une couverture de survie, également connue sous le nom de couverture de survie réfléchissante ou couverture d'urgence, est un élément essentiel de toute trousse d'urgence. Voici pourquoi elle est importante et comment l'utiliser efficacement :

Maintien de la chaleur corporelle : Une couverture de survie est fabriquée à partir de matériaux réfléchissants qui retiennent la chaleur corporelle, aidant ainsi à prévenir l'hypothermie en cas de températures froides ou de conditions météorologiques extrêmes.

Protection contre les éléments : La couverture de survie peut également servir de barrière contre le vent, la pluie, la neige ou le soleil excessif, offrant ainsi une protection contre les éléments extérieurs.

Signalisation : La surface réfléchissante de la couverture de survie peut être utilisée pour signaler la présence d'une personne en détresse en réfléchissant la lumière du soleil ou d'une lampe de poche.

Polyvalence : En raison de sa conception légère et compacte, la couverture de survie peut être facilement transportée dans une trousse d'urgence, un sac à dos ou une poche, et peut être utilisée dans une variété de situations d'urgence, telles que les tremblements de terre, les accidents de voiture ou les situations de survie en plein air.

Quelques conseils pour utiliser efficacement une couverture de survie

Enveloppez-vous : En cas de besoin, enveloppez-vous dans la couverture de survie pour retenir la chaleur corporelle. Assurez-vous de laisser votre tête dégagée pour éviter l'étouffement.

Utilisez comme abri : La couverture de survie peut être utilisée comme abri d'urgence en l'accrochant à des branches d'arbres ou en l'étendant au sol pour vous protéger des éléments.

Utilisez comme signal : Agitez la couverture de survie pour attirer l'attention des secours ou réfléchissez la lumière du soleil ou d'une lampe de poche pour signaler votre position.

Remplacement : Assurez-vous de remplacer régulièrement la couverture de survie si elle est endommagée ou si elle perd son efficacité. Gardez-la dans un emballage hermétique pour éviter les dommages et l'exposition à l'humidité.

Vêtements chauds et de rechange

Inclure des vêtements chauds et de rechange dans votre trousse d'urgence est essentiel pour vous protéger contre les conditions météorologiques extrêmes et maintenir votre confort en cas de tremblement de terre ou de toute autre situation d'urgence. Voici ce que vous devriez considérer :

Chaleur : Choisissez des vêtements chauds et isolants qui vous protégeront du froid. Cela inclut des pulls en laine, des vestes matelassées, des pantalons longs, des chaussettes épaisses et des bonnets.

Couche de base : Optez pour des vêtements en fibres synthétiques ou en laine mérinos qui évacuent l'humidité de la peau et maintiennent la chaleur même lorsqu'ils sont mouillés.

Protection contre l'humidité : Incluez des vêtements imperméables ou des ponchos pour vous protéger de la pluie et de l'humidité. Assurez-vous que vos chaussures sont également imperméables ou prévoyez des surchaussures en plastique.

Confort : Ajoutez des sous-vêtements de rechange, des t-shirts et des pantalons légers pour plus de confort. Choisissez des vêtements en coton ou en tissus respirants pour permettre à votre peau de respirer.

Adaptabilité : Envisagez d'inclure des vêtements qui peuvent être portés en couches pour s'adapter aux variations de température. Les gilets, les sweat-shirts et les écharpes peuvent être facilement ajoutés ou retirés selon les besoins.

Taille et confort : Assurez-vous que les vêtements de rechange sont de la bonne taille et confortables à porter pendant de longues périodes. Évitez les vêtements trop serrés qui pourraient restreindre la circulation sanguine.

Vêtements spéciaux : Si vous avez des bébés, des enfants en bas âge ou des personnes âgées dans votre famille, n'oubliez pas d'inclure des vêtements supplémentaires pour eux, ainsi que des couches, des biberons et d'autres articles spécifiques à leurs besoins.

Rangez vos vêtements chauds et de rechange dans des sacs étanches ou des sacs de compression pour les protéger de l'humidité et pour économiser de l'espace dans votre trousse d'urgence. Assurez-vous également de vérifier et de remplacer régulièrement les vêtements pour garantir qu'ils sont propres, secs et prêts à être utilisés en cas de besoin.

Articles d'hygiène personnelle

Inclure des articles d'hygiène personnelle dans votre trousse d'urgence est important pour maintenir la propreté et l'hygiène, même dans des situations d'urgence. Voici une liste d'articles d'hygiène personnelle à considérer :

Savon : Choisissez un savon liquide ou en barre pour se laver les mains et le corps.

Shampoing : Optez pour un shampoing en petit format pour maintenir la propreté des cheveux.

Dentifrice : Incluez une petite taille de dentifrice et des brosses à dents pour maintenir l'hygiène bucco-dentaire.

Brosse à cheveux ou peigne : Pour démêler les cheveux et maintenir une apparence propre.

Serviettes hygiéniques ou tampons : Pour les besoins d'hygiène féminine.

Mouchoirs en papier : Pour se moucher et pour les besoins d'hygiène personnelle.

Déodorant : Pour rester frais même dans des conditions d'urgence.

Lingettes humides : Pour nettoyer et rafraîchir la peau lorsque l'eau n'est pas disponible.

Papier toilette : Emballez un petit rouleau de papier toilette ou des paquets individuels pour les besoins d'hygiène personnelle.

Gobelets jetables : Pour boire de l'eau ou utiliser avec des produits d'hygiène personnelle.

Trousse à outils de base

Inclure une trousse à outils de base dans votre trousse d'urgence est important pour être en mesure d'effectuer des réparations simples ou des tâches de bricolage en cas de besoin. Voici une liste des outils de base à considérer :

Tournevis : Incluez des tournevis plats et cruciformes de différentes tailles pour diverses tâches.

Marteau : Un petit marteau peut être utile pour enfoncer des clous ou effectuer des réparations légères.

Pince universelle : Pour saisir et manipuler des objets de différentes formes et tailles.

Pince coupante : Pour couper les fils, les câbles ou les petits objets en métal.

Clé à molette : Une clé à molette réglable peut être utilisée pour serrer ou desserrer des écrous et des boulons de différentes tailles.

Ruban adhésif : Incluez du ruban adhésif robuste et polyvalent pour les réparations temporaires ou pour fixer des objets.

Couteau utilitaire : Un couteau utilitaire peut être utilisé pour couper des matériaux tels que le carton, le plastique ou le ruban adhésif.

Niveau à bulle : Pour vérifier l'horizontalité ou la verticalité des surfaces.

Lampe de poche ou lampe frontale : Assurez-vous d'avoir un éclairage adéquat pour effectuer des réparations dans des endroits sombres ou mal éclairés.

Piles de rechange : Si vous utilisez des outils électriques ou des lampes de poche, assurez-vous d'avoir des piles de rechange.

Documents importants

Inclure des documents importants dans votre trousse d'urgence est essentiel pour vous aider à gérer les situations d'urgence et à faciliter la récupération après un tremblement de terre. Voici une liste des documents essentiels à considérer :

Pièces d'identité : Copie de votre carte d'identité, passeport, permis de conduire et cartes d'assurance maladie pour chaque membre de la famille.

Informations médicales : Liste des allergies, conditions médicales, médicaments actuels et informations de contact pour les médecins ou les professionnels de la santé.

Assurances : Copies des polices d'assurance habitation, automobile, santé et vie, ainsi que les informations de contact de votre agent d'assurance.

Contacts d'urgence : Liste des numéros de téléphone et adresses de contact d'urgence pour les membres de la famille, les amis, les voisins, les médecins et d'autres personnes importantes.

Plan d'évacuation : Plan d'évacuation de votre domicile, y compris les itinéraires d'évacuation, les points de rencontre et les coordonnées des abris d'urgence locaux.

Documents financiers : Copies des relevés bancaires, des contrats de prêt, des titres de propriété, des factures et des documents fiscaux importants.

Photos de famille : Photos récentes de chaque membre de la famille pour faciliter l'identification en cas de séparation.

Cartes : Cartes routières de la région, plans des zones d'évacuation et des abris d'urgence, ainsi que des cartes de crédit ou de débit en cas de besoin.

Dossiers de propriété : Titres de propriété, baux de location, documents de prêt hypothécaire et contrats de location.

Instructions d'urgence : Instructions pour éteindre les services publics (gaz, électricité, eau) et autres procédures d'urgence spécifiques à votre domicile.

Rangez ces documents dans un sac étanche ou un conteneur résistant pour les protéger contre l'humidité et les dommages. Gardez également une copie électronique de ces documents sur une clé USB ou dans un dossier sécurisé en ligne pour un accès facile en cas de besoin. En ayant ces documents importants à portée de main, vous serez mieux préparé à faire face à une situation d'urgence et à commencer le processus de récupération plus rapidement après un tremblement de terre.

Carte de votre région

Inclure une carte de votre région dans votre trousse d'urgence est une excellente idée pour vous aider à naviguer et à planifier en cas de tremblement de terre ou d'évacuation. Voici quelques suggestions sur ce que vous pourriez inclure :

Carte physique : Obtenez une carte détaillée de votre région, y compris les routes principales, les zones résidentielles, les centres médicaux, les abris d'urgence, les points de rencontre et les centres de secours.

Carte numérique : Téléchargez des cartes numériques de votre région sur votre téléphone portable ou votre tablette. Assurez-vous que ces cartes sont accessibles hors ligne au cas où vous n'auriez pas de connexion Internet lors d'une urgence.

Points d'intérêt : Marquez les points d'intérêt importants sur la carte, tels que les hôpitaux, les postes de police, les casernes de pompiers, les centres d'évacuation et les sources d'eau potable.

Itinéraires d'évacuation : Identifiez les itinéraires d'évacuation principaux et alternatifs à partir de votre domicile vers des zones sûres en cas de besoin.

Coordonnées GPS : Notez les coordonnées GPS des points importants sur la carte pour une navigation précise en cas de besoin.

Instructions d'urgence : Incluez des instructions sur la façon d'utiliser la carte, de trouver des abris d'urgence, de naviguer en toute sécurité et d'atteindre des destinations clés.

Rangez la carte dans un étui étanche ou pliée de manière à ce qu'elle soit facilement accessible en cas d'urgence. Familiarisez-vous avec la carte et les itinéraires d'évacuation avant qu'une situation d'urgence ne se produise, afin que vous puissiez agir rapidement et en toute confiance en cas de besoin. En ayant une carte de votre région à portée de main, vous serez mieux préparé à faire face à un tremblement de terre ou à toute autre urgence qui pourrait survenir.

Instructions sur la façon de stocker et de renouveler les fournitures

Stocker et renouveler les fournitures dans votre trousse d'urgence est essentiel pour vous assurer qu'elle est toujours prête à être utilisée en cas de besoin. Voici quelques instructions sur la façon de stocker et de renouveler vos fournitures :

Choisissez un endroit accessible : Stockez votre trousse d'urgence dans un endroit facilement accessible à tous les membres de la famille, de préférence près de la sortie principale de votre domicile.

Utilisez des contenants étanches : Placez vos fournitures dans des conteneurs étanches ou des sacs de rangement hermétiques pour les protéger de l'humidité, de la poussière et des insectes.

Gardez la trousse à jour : Vérifiez régulièrement le contenu de votre trousse d'urgence et remplacez tout ce qui est périmé, endommagé ou utilisé.

Planifiez un calendrier de vérification : Établissez un calendrier de vérification régulière de votre trousse d'urgence, par exemple tous les six mois, et marquez-le dans votre agenda ou sur votre calendrier.

Effectuez des vérifications saisonnières : Profitez des changements de saison pour vérifier et mettre à jour votre trousse d'urgence en fonction des besoins saisonniers, tels que les vêtements chauds en hiver ou les écrans solaires en été.

Gardez une liste des fournitures : Tenez une liste détaillée des fournitures de votre trousse d'urgence, y compris les dates d'expiration des articles périssables, pour vous aider à planifier les renouvellements.

Renouvelez les provisions : Renouvelez les fournitures périssables, comme les aliments et les médicaments, avant leur date d'expiration. Assurez-vous également d'avoir suffisamment de piles de rechange et d'autres articles non périssables.

Effectuez des simulations : Profitez des occasions telles que les exercices de simulation familiaux pour vérifier et mettre à jour votre trousse d'urgence en fonction des besoins identifiés lors de ces simulations.

Impliquez toute la famille : Impliquez tous les membres de la famille dans le processus de vérification et de renouvellement de la trousse d'urgence afin que chacun comprenne son contenu et son importance.

Choisissez un endroit accessible

Pour choisir un endroit accessible pour stocker votre trousse d'urgence, suivez ces conseils :

Accessibilité facile : Choisissez un endroit facilement accessible à tous les membres de la famille, de préférence près de la sortie principale de votre domicile. Cela permettra à chacun d'accéder rapidement à la trousse en cas d'urgence.

Évitez les endroits encombrés : Évitez de stocker la trousse d'urgence dans des endroits encombrés ou difficiles d'accès, comme les garages encombrés ou les greniers difficiles à atteindre.

Hauteur adéquate : Placez la trousse à une hauteur accessible à tous les membres de la famille, y compris les enfants et les personnes âgées, afin qu'ils puissent facilement y accéder sans avoir besoin d'une échelle ou d'aide supplémentaire.

Protégé contre les éléments : Assurez-vous que l'endroit choisi est protégé contre les éléments tels que la pluie, le vent et le soleil direct, afin de préserver l'intégrité des fournitures stockées.

Visibilité : Choisissez un endroit où la trousse est facilement visible et accessible en cas d'urgence, de sorte que vous puissiez la trouver rapidement même dans des conditions de faible luminosité.

Considérez les besoins spécifiques : Tenez compte des besoins spécifiques de votre famille et de votre domicile lors du choix de l'emplacement, par exemple en choisissant un endroit accessible pour les personnes à mobilité réduite ou en tenant compte des animaux de compagnie.

Utilisez des contenants étanches

Pour stocker vos fournitures d'urgence de manière efficace, il est essentiel d'utiliser des contenants étanches afin de protéger vos articles contre l'humidité, la poussière et les dommages potentiels. Voici quelques conseils pour utiliser des contenants étanches :

Choisissez des contenants de qualité : Optez pour des contenants résistants et durables, de préférence fabriqués à partir de matériaux imperméables tels que le plastique robuste ou le métal.

Vérifiez les joints d'étanchéité : Assurez-vous que les contenants ont des joints d'étanchéité solides pour empêcher toute infiltration d'eau ou d'humidité. Vérifiez régulièrement l'intégrité des joints pour détecter toute usure ou dommage.

Utilisez des sacs étanches : Pour les articles plus petits ou fragiles, utilisez des sacs étanches individuels pour les protéger de l'humidité. Les sacs ziplock ou les sacs étanches spécialement conçus sont idéaux pour cela.

Étiquetez les contenants : Étiquetez clairement chaque contenant avec son contenu pour faciliter l'identification et l'accès rapide aux fournitures en cas d'urgence.

Rangez les contenants surélevés : Si possible, placez les contenants étanches sur des étagères ou des supports surélevés pour les protéger contre les dégâts d'eau en cas d'inondation ou de fuite.

Assurez-vous de la taille adéquate : Choisissez des contenants de la taille appropriée pour vos besoins de stockage, en tenant compte de la quantité d'articles que vous devez stocker et de l'espace disponible pour les contenir.

Gardez-les accessibles : Assurez-vous que les contenants étanches sont facilement accessibles en cas d'urgence, en les plaçant dans un endroit bien visible et facilement accessible à tous les membres de la famille.

Gardez la trousse à jour

Pour garder votre trousse d'urgence à jour, suivez ces étapes importantes :

Vérifiez régulièrement : Planifiez des vérifications régulières de votre trousse d'urgence, idéalement tous les six mois, pour vous assurer que tous les articles sont en bon état et à jour.

Remplacez les articles périmés : Vérifiez les dates d'expiration de tous les articles périssables, tels que les aliments, les médicaments et les piles, et remplacez-les avant qu'ils n'expirent.

Inspectez les fournitures : Examinez attentivement chaque article de votre trousse d'urgence pour détecter tout signe de dommage, de moisissure ou de détérioration. Remplacez tout article endommagé ou usé.

Ajoutez de nouveaux articles si nécessaire : Si votre situation familiale ou vos besoins ont changé, ou si de nouveaux risques sont apparus, envisagez d'ajouter de nouveaux articles à votre trousse d'urgence pour répondre à ces besoins.

Mettez à jour les informations : Assurez-vous que toutes les informations stockées dans votre trousse d'urgence, telles que les documents importants et les contacts d'urgence, sont à jour et précises.

Faites des simulations : Profitez des occasions telles que les exercices de simulation familiaux pour tester et mettre à jour votre trousse d'urgence en fonction des besoins identifiés lors de ces simulations.

Impliquez toute la famille : Impliquez tous les membres de la famille dans le processus de vérification et de mise à jour de la trousse d'urgence afin que chacun comprenne son contenu et son importance.

Gardez une liste de contrôle : Tenez une liste de contrôle des tâches à accomplir lors de chaque vérification de la trousse d'urgence pour vous assurer que rien n'est oublié.

Planifiez un calendrier de vérification

Pour planifier un calendrier de vérification efficace pour votre trousse d'urgence, suivez ces étapes :

Fréquence : Choisissez une fréquence de vérification régulière, idéalement tous les six mois. Cependant, vous pouvez ajuster la fréquence en fonction de vos besoins et de votre situation particulière.

Marquez les dates : Marquez les dates de vérification sur votre calendrier ou agenda, en choisissant des moments où vous savez que vous aurez du temps disponible pour effectuer une vérification approfondie.

Rappelez-vous les saisons : Profitez des changements de saison pour planifier vos vérifications, car certains articles de votre trousse d'urgence peuvent nécessiter une mise à jour en fonction des besoins saisonniers.

Utilisez des rappels : Configurez des rappels sur votre téléphone portable, votre ordinateur ou votre calendrier en ligne pour vous rappeler les dates de vérification à l'avance.

Coordonnez avec d'autres tâches : Associez la vérification de votre trousse d'urgence à d'autres tâches ménagères régulières, telles que le changement d'heure des horloges ou la vérification des détecteurs de fumée.

Impliquez toute la famille : Assurez-vous que tous les membres de la famille sont informés des dates de vérification et impliquez-les dans le processus si possible.

Restez flexible : Soyez prêt à ajuster votre calendrier de vérification en fonction des circonstances imprévues ou des événements majeurs qui pourraient nécessiter une attention immédiate.

Effectuez des vérifications saisonnières

Effectuer des vérifications saisonnières de votre trousse d'urgence est essentiel pour vous assurer que vos fournitures sont adaptées aux besoins changeants en fonction des saisons. Voici comment procéder :

Printemps : Vérifiez les fournitures d'hiver comme les vêtements chauds et les couvertures, et remplacez-les si nécessaire par des articles plus légers pour les mois plus chauds.

Assurez-vous que vos réserves d'eau sont suffisantes pour l'été, lorsque les températures sont plus élevées et les besoins en hydratation augmentent.

Vérifiez les dates d'expiration des produits alimentaires périssables et des médicaments, et remplacez-les si nécessaire.

Été : Révisez votre trousse d'urgence pour vous assurer qu'elle contient des articles adaptés aux conditions météorologiques chaudes, comme des vêtements légers et des écrans solaires.

Rafraîchissez votre trousse d'eau potable, en veillant à ce qu'elle soit stockée dans des contenants étanches et sûrs.

Vérifiez les piles des lampes de poche et des radios pour vous assurer qu'elles sont prêtes à être utilisées en cas de besoin.

Automne : Vérifiez les fournitures d'été et remplacez-les par des articles plus adaptés à l'automne, comme des vêtements plus chauds et des couvertures supplémentaires.

Profitez de cette période pour effectuer une vérification complète de votre trousse d'urgence avant l'arrivée de l'hiver, en remplaçant tout ce qui est périmé ou endommagé.

Réévaluez vos plans d'évacuation et de communication en famille pour vous assurer qu'ils sont à jour et adaptés aux besoins actuels de votre famille.

Hiver : Vérifiez que vos réserves de nourriture sont adaptées aux mois d'hiver, en incluant des aliments non périssables faciles à préparer et à conserver.

Vérifiez les systèmes de chauffage et les sources de chaleur d'urgence, et assurez-vous qu'ils sont en bon état de fonctionnement.

Gardez un œil sur les prévisions météorologiques hivernales et ajustez votre trousse d'urgence en conséquence, en ajoutant des articles supplémentaires si nécessaire pour faire face aux conditions météorologiques extrêmes.

Gardez une liste des fournitures

Tenir une liste des fournitures de votre trousse d'urgence est essentiel pour vous assurer que vous disposez de tout ce dont vous avez besoin en cas de situation d'urgence. Voici comment garder une liste des fournitures efficacement :

Faites une liste complète : Commencez par dresser une liste complète de toutes les fournitures que vous souhaitez inclure dans votre trousse d'urgence. Cela peut inclure des articles tels que de l'eau, de la nourriture non périssable, des fournitures médicales, des outils, des vêtements et des articles d'hygiène personnelle.

Organisez par catégorie : Divisez votre liste en catégories logiques, telles que la nourriture, l'eau, les fournitures médicales, les outils, les vêtements et les articles d'hygiène personnelle. Cela vous aidera à garder une trace de chaque type d'article et à vous assurer que rien n'est oublié.

Incluez les quantités : À côté de chaque article, indiquez la quantité dont vous avez besoin. Par exemple, vous pourriez écrire "10 litres d'eau" ou "3 jours de nourriture non périssable par personne".

Ajoutez les dates d'expiration : Pour les articles périssables tels que les aliments et les médicaments, indiquez les dates d'expiration sur votre liste. Cela vous aidera à vous rappeler quand remplacer ces articles pour vous assurer qu'ils restent frais et efficaces.

Mettez à jour régulièrement : Mettez à jour votre liste chaque fois que vous ajoutez de nouveaux articles à votre trousse d'urgence ou que vous en retirez pour une utilisation. Assurez-vous également de vérifier régulièrement votre liste pour vous assurer qu'elle est à jour.

Gardez une copie dans votre trousse d'urgence : Imprimez une copie de votre liste des fournitures et rangez-la dans votre trousse d'urgence. Cela vous permettra de vérifier rapidement ce que vous avez déjà et ce qui vous manque en cas de besoin.

Renouvelez les provisions

Pour renouveler les provisions de votre trousse d'urgence de manière efficace, suivez ces étapes :

Vérifiez les dates d'expiration : Parcourez chaque article de votre trousse d'urgence et vérifiez les dates d'expiration des aliments, des médicaments et d'autres produits périssables.

Remplacez les articles périmés : Retirez et remplacez tous les articles qui ont dépassé leur date d'expiration. Assurez-vous de disposer des versions fraîches et efficaces de chaque élément.

Contrôlez les fournitures consommables : Vérifiez le niveau des fournitures consommables comme l'eau potable, les piles, les médicaments et les produits d'hygiène personnelle. Remplacez tout ce qui est utilisé ou périmé.

Assurez-vous de la quantité adéquate : Vérifiez que vous avez suffisamment de provisions pour couvrir les besoins de votre famille pendant au moins trois jours. Ajoutez des quantités supplémentaires si nécessaire, en fonction de vos besoins spécifiques et de votre situation géographique.

Profitez des ventes et des offres spéciales : Faites des achats lorsque les articles sont en vente ou lorsque vous trouvez des offres spéciales. Cela peut vous aider à économiser de l'argent tout en maintenant votre trousse d'urgence à jour.

Rappelez-vous des besoins saisonniers : Adaptez vos provisions en fonction des saisons. Par exemple, assurez-vous d'avoir des vêtements chauds et des couvertures supplémentaires en hiver, et des écrans solaires et des répulsifs contre les insectes en été.

Gardez une liste de vérification : Tenez une liste de vérification des articles que vous devez acheter ou remplacer, et cochez-les au fur et à mesure que vous les obtenez.

Effectuez des simulations

Effectuer des simulations est une étape importante pour vous assurer que votre trousse d'urgence est prête à être utilisée en cas de besoin et que vous êtes prêt à faire face à une situation d'urgence. Voici comment procéder :

Planifiez une simulation : Choisissez une date et une heure pour votre simulation d'urgence. Informez tous les membres de la famille de la date et de l'heure choisies afin qu'ils soient prêts à participer.

Définissez le scénario : Créez un scénario d'urgence réaliste, tel qu'un tremblement de terre, une coupure de courant ou une évacuation soudaine. Déterminez les circonstances de l'urgence et les actions que vous devrez prendre en réponse.

Impliquez toute la famille : Faites participer tous les membres de la famille à la simulation. Expliquez-leur le scénario et discutez des actions à prendre en fonction de leur rôle assigné.

Utilisez des rappels sonores : Utilisez une alarme ou un signal sonore pour déclencher le début de la simulation. Cela aidera à simuler l'urgence et à susciter une réponse rapide de la part de tous les participants.

Pratiquez les actions à effectuer : Mettez en pratique les actions que vous avez prévues dans votre plan d'urgence. Cela peut inclure l'évacuation de la maison, l'utilisation des fournitures d'urgence et la communication avec les membres de la famille.

Évaluez les performances : Après la simulation, prenez le temps de discuter de ce qui s'est bien passé et de ce qui pourrait être amélioré. Identifiez les points forts et les points faibles de votre préparation et apportez les ajustements nécessaires à votre plan d'urgence et à votre trousse d'urgence.

Répétez régulièrement : Planifiez des simulations d'urgence régulières pour vous assurer que vous et votre famille restez bien préparés. Répétez les simulations aussi souvent que nécessaire pour renforcer vos compétences et votre confiance en cas d'urgence.

Impliquez toute la famille

Impliquer toute la famille dans la préparation et les simulations d'urgence est essentiel pour garantir la sécurité de tous en cas de tremblement de terre ou d'autres situations d'urgence. Voici quelques façons d'impliquer toute la famille :

Réunissez-vous pour discuter de la préparation : Organisez une réunion familiale pour discuter des plans d'urgence, des procédures et des rôles de chacun en cas d'urgence. Expliquez l'importance de la préparation et de la coopération de tous les membres de la famille.

Assignez des rôles et des responsabilités : Impliquez chaque membre de la famille en leur assignant des rôles spécifiques dans le plan d'urgence. Cela peut inclure des responsabilités telles que la collecte de fournitures, l'évacuation des animaux de compagnie, ou la communication avec les proches.

Faites des exercices pratiques : Organisez des exercices de simulation familiaux réguliers pour mettre en pratique les plans d'urgence. Cela permettra à chacun de se familiariser avec les procédures et de savoir quoi faire en cas d'urgence réelle.

Enseignez les compétences de base : Apprenez à tous les membres de la famille les compétences de base en matière de premiers secours, de lutte contre les incendies et de sécurité en cas de tremblement de terre. Assurez-vous que chacun sait comment utiliser les fournitures d'urgence et réagir de manière appropriée en cas d'urgence.

Réalisez des activités de sensibilisation : Organisez des activités éducatives sur la préparation aux urgences, telles que des visites à des centres de secours locaux ou des présentations sur la sécurité à domicile. Impliquez les enfants dans des jeux ou des activités ludiques qui renforcent les messages de sécurité.

Encouragez la communication ouverte : Créez un environnement où chacun se sent à l'aise de poser des questions, de partager des préoccupations et de contribuer à l'amélioration continue de la préparation aux urgences de la famille.

Récompensez les efforts : Encouragez la participation de toute la famille en reconnaissant et en récompensant les efforts de préparation et de coopération. Cela peut être aussi simple que des éloges verbaux ou des récompenses symboliques pour les membres de la famille qui ont contribué de manière significative à la préparation aux urgences.

En impliquant toute la famille dans la préparation aux tremblements de terre et autres situations d'urgence, vous pouvez renforcer la résilience de votre foyer et vous assurer que chacun est prêt à faire face aux défis potentiels qui pourraient survenir.

Sécurisation de l'habitat

Conseils pour sécuriser votre maison contre les dommages sismiques

Pour sécuriser votre maison contre les dommages sismiques, voici quelques conseils à suivre :

Renforcez la structure : Renforcez les éléments structurels de votre maison, tels que les murs porteurs, les fondations et les piliers, pour les rendre plus résistants aux secousses sismiques.

Fixez les objets lourds : Fixez solidement les objets lourds tels que les armoires, les étagères, les appareils électroménagers et les meubles aux murs ou au sol pour éviter qu'ils ne basculent ou ne tombent lors d'un tremblement de terre.

Sécurisez les meubles hauts : Attachez ou ancrez les meubles hauts comme les étagères et les bibliothèques aux murs pour éviter qu'ils ne tombent et ne causent des blessures lors d'un séisme.

Installez des dispositifs de sécurité : Installez des dispositifs de sécurité tels que des verrous de sécurité sur les armoires, des crochets pour les tableaux et des sangles pour les appareils électroménagers pour les maintenir en place en cas de secousse sismique.

Inspectez et réparez les fissures : Faites inspecter votre maison régulièrement pour détecter les fissures dans les murs, les planchers ou les fondations, et faites-les réparer dès que possible pour éviter qu'elles ne s'aggravent en cas de tremblement de terre.

Renforcez les ouvertures : Renforcez les ouvertures telles que les portes et les fenêtres avec des contrevents ou des renforts pour les protéger contre les dommages causés par les secousses sismiques.

Étayez les cheminées : Si vous avez une cheminée, assurez-vous qu'elle est correctement étayée et sécurisée pour éviter qu'elle ne s'effondre lors d'un tremblement de terre.

Installez des soupapes de décompression : Installez des soupapes de décompression pour réduire les dommages causés par la pression de l'eau dans les canalisations en cas de séisme.

Élaborez un plan d'évacuation : Créez un plan d'évacuation détaillé avec des points de rassemblement sûrs à l'extérieur de la maison en cas d'urgence.

Sensibilisez toute la famille : Assurez-vous que tous les membres de la famille connaissent les mesures de sécurité à prendre en cas de tremblement de terre et pratiquent régulièrement des exercices d'évacuation.

Renforcez la structure

Pour renforcer la structure de votre maison contre les dommages sismiques, voici quelques conseils :

Renforcez les fondations : Si nécessaire, renforcez les fondations de votre maison en ajoutant des éléments structurels tels que des poutres ou des pieux de fondation pour améliorer sa résistance aux secousses sismiques.

Consolidez les murs porteurs : Renforcez les murs porteurs en ajoutant des raidisseurs ou des renforts structurels pour réduire les risques de fissuration ou d'effondrement pendant un tremblement de terre.

Utilisez des contreventements : Installez des contreventements diagonaux ou croisés entre les poutres et les montants de vos murs pour renforcer leur stabilité et réduire les mouvements latéraux lors d'un séime.

Renforcez les attaches : Assurez-vous que les éléments structurels de votre maison sont correctement attachés les uns aux autres, y compris les murs aux fondations, les planchers aux murs et les toits aux murs.

Améliorez les connexions : Renforcez les connexions entre les dférents composants de votre maison, tels que les attaches de toiture, les plaques d'ancrage et les boulons de charpente, pour améliorer leur résistance aux secousses sismiques.

Consolidez les points faibles : Identifiez les zones de votre maison susceptibles d'être des points faibles en cas de tremblement de terre, comme les coins, les ouvertures et les jonctions, et renforcez-les en conséquence.

Utilisez des matériaux de construction appropriés : Choisissez des matériaux de construction robustes et résistants aux secousses sismiques pour la construction ou la rénovation de votre maison, tels que le béton armé, l'acier et le bois lamellé-collé.

Suivez les codes du bâtiment : Assurez-vous que les travaux de renforcement de votre maison sont conformes aux normes de construction sismique locales et nationales pour garantir leur efficacité et leur sécurité.

Fixez les objets lourds

Pour sécuriser les objets lourds dans votre maison et éviter qu'ils ne basculent ou ne tombent pendant un tremblement de terre, voici quelques conseils :

Ancrez les meubles aux murs : Utilisez des dispositifs d'ancrage solides pour fixer les meubles lourds comme les armoires, les bibliothèques et les commodes aux murs. Assurez-vous que les ancrages sont correctement installés et qu'ils peuvent supporter le poids de l'objet en cas de secousse sismique.

Utilisez des sangles de fixation : Attachez les gros appareils électroménagers tels que les réfrigérateurs, les lave-linge et les sécheuses aux murs ou au sol à l'aide de sangles de fixation robustes. Veillez à suivre les instructions du fabricant pour une installation correcte.

Fixez les équipements électroniques : Fixez les télévisions, les moniteurs d'ordinateur et autres équipements électroniques lourds aux supports muraux ou aux supports de fixation spéciaux conçus à cet effet.

Sécurisez les grands objets décoratifs : Attachez ou fixez les grands objets décoratifs tels que les miroirs lourds, les tableaux et les œuvres d'art aux murs à l'aide de crochets, de supports ou de fils de sécurité.

Rangez les objets lourds en toute sécurité : Évitez de placer des objets lourds sur des étagères ou des meubles hauts, surtout s'ils sont situés près des zones de passage ou des zones de rassemblement. Rangez-les plutôt dans des endroits plus bas et plus stables.

Utilisez des patins antidérapants : Placez des patins antidérapants sous les objets lourds tels que les appareils électroménagers et les meubles pour éviter qu'ils ne glissent ou ne bougent pendant un tremblement de terre.

Évitez de surcharger les étagères : Ne surchargez pas les étagères avec des objets lourds ou des piles de livres. Répartissez uniformément le poids sur les étagères et fixez les étagères aux murs si nécessaire.

Soyez prudent lors de l'installation : Assurez-vous de suivre les instructions du fabricant et d'utiliser les bons outils et les bons matériaux lors de l'installation des dispositifs de fixation et des supports.

Sécurisez les meubles hauts

Pour sécuriser les meubles hauts dans votre maison et éviter qu'ils ne basculent ou ne tombent lors d'un tremblement de terre, suivez ces conseils :

Fixez les meubles aux murs : Utilisez des dispositifs d'ancrage robustes pour attacher solidement les meubles hauts tels que les étagères, les armoires et les bibliothèques aux murs adjacents. Assurez-vous que les ancrages sont conçus pour supporter le poids des meubles et qu'ils sont correctement installés selon les instructions du fabricant.

Utilisez des sangles de fixation : Attachez les meubles hauts aux murs à l'aide de sangles de fixation spécialement conçues à cet effet. Ces sangles peuvent être en nylon, en métal ou en matériau similaire et sont fixées aux montants du mur et aux parties supérieures des meubles pour les maintenir en place.

Équilibrez le poids : Répartissez uniformément le poids des objets sur les étagères ou dans les armoires pour éviter tout déséquilibre qui pourrait entraîner un basculement. Évitez de surcharger les étagères avec des objets lourds ou des piles de livres.

Soyez prudent lors de l'ouverture des portes : Faites attention lorsque vous ouvrez les portes des meubles hauts, car cela peut modifier le centre de gravité et entraîner un déséquilibre. Utilisez des dispositifs de sécurité tels que des verrous ou des loquets pour empêcher les portes de s'ouvrir pendant un séisme.

Installez des patins antidérapants : Placez des patins antidérapants sous les pieds des meubles pour éviter qu'ils ne glissent ou ne bougent sur le sol pendant un tremblement de terre.

Déplacez les objets lourds vers le bas : Si possible, déplacez les objets lourds des étagères supérieures vers des étagères inférieures ou des meubles plus bas pour réduire les risques de basculement ou de chute.

Évitez de placer des meubles hauts près des zones de passage ou des zones de rassemblement : Si vous avez des meubles hauts tels que des armoires ou des étagères près des zones de passage ou des zones de rassemblement, assurez-vous qu'ils sont correctement sécurisés aux murs pour éviter tout danger.

Installez des dispositifs de sécurité

Pour sécuriser votre maison contre les tremblements de terre, il est essentiel d'installer des dispositifs de sécurité pour éviter que les objets lourds ne basculent ou ne tombent. Voici quelques dispositifs couramment utilisés :

Crochets de fixation : Utilisez des crochets de fixation pour attacher solidement les tableaux, les miroirs et autres objets décoratifs lourds aux murs. Assurez-vous d'utiliser des crochets adaptés au poids de l'objet et de les installer correctement dans des montants ou des supports muraux solides.

Verrous de sécurité : Installez des verrous de sécurité sur les portes des armoires, des placards et des tiroirs pour empêcher leur ouverture pendant un tremblement de terre. Ces verrous peuvent être utiles pour sécuriser les objets fragiles et les produits chimiques dangereux.

Sangles de fixation : Utilisez des sangles de fixation robustes pour attacher les meubles hauts, les appareils électroménagers et autres objets lourds aux murs ou au sol. Assurez-vous que les sangles sont assez solides pour supporter le poids de l'objet et qu'elles sont correctement installées selon les instructions du fabricant.

Supports de fixation : Utilisez des supports de fixation pour fixer les télévisions, les moniteurs d'ordinateur et autres équipements électroniques lourds aux murs. Assurez-vous que les supports sont compatibles avec le poids et la taille de l'équipement et qu'ils sont correctement installés pour une sécurité maximale.

Patins antidérapants : Placez des patins antidérapants sous les pieds des meubles et des appareils électroménagers pour éviter qu'ils ne glissent ou ne bougent pendant un tremblement de terre. Ces patins peuvent aider à maintenir les objets en place sur les surfaces lisses ou glissantes.

Boucles de sécurité : Utilisez des boucles de sécurité pour attacher les rideaux, les stores et les autres éléments suspendus aux fenêtres. Assurez-vous que les boucles sont suffisamment solides pour résister aux secousses sismiques et qu'elles sont correctement installées pour une sécurité optimale.

Inspectez et réparez les fissures

Inspecter et réparer les fissures dans votre maison est essentiel pour prévenir les dommages pendant un tremblement de terre. Voici comment procéder :

Inspectez régulièrement : Faites régulièrement le tour de votre maison pour repérer les fissures dans les murs, les plafonds, les planchers et les fondations. Utilisez une lampe de poche pour vérifier les zones sombres et assurez-vous de bien examiner les coins et les joints.

Identifiez les fissures critiques : Notez les fissures qui sont larges, profondes, ou qui traversent plusieurs murs ou étages. Les fissures horizontales, en escalier ou en forme de "V" sont souvent les plus préoccupantes et peuvent indiquer des problèmes structurels.

Évaluez la gravité des fissures : Déterminez la gravité des fissures en les mesurant et en notant leur taille, leur forme et leur orientation. Utilisez un ruban à mesurer et prenez des photos pour documenter les dommages.

Réparez les fissures mineures : Pour les fissures mineures, vous pouvez les remplir avec un mastic ou un composé de réparation pour les rendre moins visibles et empêcher l'eau de s'infiltrer. Assurez-vous de suivre les instructions du fabricant et de choisir un produit adapté au matériau de votre maison.

Renforcez les zones critiques : Pour les fissures plus importantes ou les zones présentant des signes de faiblesse structurelle, envisagez de renforcer la zone avec des raidisseurs, des contreventements ou d'autres méthodes de renforcement.

Renforcez les ouvertures

Pour renforcer les ouvertures de votre maison, telles que les portes et les fenêtres, afin de les protéger contre les dommages causés par les tremblements de terre, voici quelques conseils :

Installer des contrevents : Les contrevents sont des panneaux en bois, en métal ou en plastique conçus pour renforcer les fenêtres. Ils sont fixés à l'extérieur de la fenêtre et peuvent être installés de manière permanente ou être prêts à être déployés en cas d'urgence.

Utiliser des films de sécurité pour vitrage : Les films de sécurité pour vitrage sont des films transparents appliqués sur les vitres pour les renforcer et les empêcher de se briser en morceaux dangereux en cas d'impact. Ils peuvent être utilisés sur les fenêtres existantes pour améliorer leur résistance aux tremblements de terre.

Installer des volets : Les volets en métal ou en bois peuvent être fermés pour protéger les fenêtres des débris volants et des dommages pendant un tremblement de terre. Assurez-vous qu'ils sont correctement fixés et qu'ils peuvent être facilement ouverts et fermés en cas d'urgence.

Renforcer les cadres de porte et de fenêtre : Assurez-vous que les cadres de porte et de fenêtre sont solides et bien fixés à la structure de la maison. Renforcez-les si nécessaire en utilisant des matériaux tels que le métal ou le bois.

Installer des loquets de sécurité : Installez des loquets de sécurité sur les portes et les fenêtres pour les maintenir fermées en cas de tremblement de terre. Assurez-vous qu'ils sont faciles à utiliser et qu'ils peuvent être rapidement déverrouillés en cas d'urgence.

Vérifier les charnières : Assurez-vous que les charnières des portes et des fenêtres sont en bon état et qu'elles sont correctement fixées. Remplacez toute charnière endommagée ou desserrée pour éviter les défaillances pendant un tremblement de terre.

Étayez les cheminées

Pour sécuriser votre cheminée et éviter qu'elle ne s'effondre ou ne cause des dommages pendant un tremblement de terre, vous pouvez prendre les mesures suivantes pour l'étayer :

Installez des étais de soutien : Si votre cheminée présente des signes de faiblesse ou de détérioration, envisagez d'installer des étais de soutien pour renforcer sa structure. Les étais peuvent être installés à l'intérieur ou à l'extérieur de la cheminée, selon sa conception et sa situation.

Utilisez des renforts en métal : Renforcez les parties fragiles de la cheminée, telles que la base, les coins et les joints, en utilisant des renforts en métal tels que des plaques d'acier ou des attaches de renforcement. Ces renforts aideront à stabiliser la cheminée pendant un tremblement de terre.

Fixez la cheminée à la structure de la maison : Assurez-vous que la cheminée est correctement fixée à la structure de la maison pour éviter qu'elle ne bascule ou ne se détache pendant un séisme. Utilisez des attaches en métal robustes pour sécuriser la cheminée aux murs ou aux fondations.

Élaborez un plan d'évacuation

Élaborer un plan d'évacuation est essentiel pour assurer la sécurité de votre famille en cas de tremblement de terre ou de toute autre urgence. Voici comment créer un plan d'évacuation efficace :

Étudiez votre maison : Familiarisez-vous avec la disposition de votre maison et identifiez toutes les sorties possibles, y compris les portes, les fenêtres et les issues de secours.

Identifiez les itinéraires d'évacuation : Déterminez les itinéraires les plus sûrs pour évacuer chaque pièce de votre maison. Choisissez des chemins larges et dégagés qui évitent les obstacles et les zones à risque, comme les fenêtres ou les murs extérieurs.

Choisissez un point de rassemblement : Sélectionnez un endroit sûr à l'extérieur de votre maison où tous les membres de votre famille se retrouveront après avoir évacué. Assurez-vous que cet endroit est facilement accessible et à une distance sécuritaire de votre maison.

Communiquez le plan : Discutez du plan d'évacuation avec tous les membres de votre famille et assurez-vous qu'ils comprennent les itinéraires d'évacuation et le point de rassemblement. Pratiquez le plan régulièrement pour vous assurer que tout le monde sait quoi faire en cas d'urgence.

Établissez des alternatives : Prévoyez des itinéraires alternatifs et des points de rassemblement en cas d'obstacles ou de dangers potentiels. Assurez-vous que chaque membre de la famille connaît ces alternatives et sait comment les utiliser si nécessaire.

Incluez les besoins spéciaux : Si certains membres de votre famille ont des besoins spéciaux, comme des personnes âgées, des enfants en bas âge ou des personnes handicapées, assurez-vous d'adapter le plan d'évacuation pour répondre à leurs besoins spécifiques.

Préparez une trousse d'urgence : Ayez une trousse d'urgence prête à l'emploi contenant des fournitures essentielles telles que de l'eau, de la nourriture non périssable, des médicaments, des lampes de poche et des couvertures. Assurez-vous que tous les membres de la famille savent où se trouve la trousse et comment l'utiliser en cas d'urgence.

Révisez et mettez à jour régulièrement : Passez en revue et mettez à jour votre plan d'évacuation régulièrement pour tenir compte des changements dans votre maison, comme de nouveaux meubles ou des modifications de la structure. Pratiquez également le plan régulièrement pour vous assurer que tout le monde est prêt en cas d'urgence.

Sensibilisez toute la famille

Sensibiliser toute la famille est essentiel pour garantir que chacun comprenne les risques associés aux tremblements de terre et sache comment réagir en cas d'urgence. Voici quelques conseils pour sensibiliser efficacement votre famille :

Organisez des réunions familiales : Organisez des réunions régulières en famille pour discuter des mesures de préparation aux tremblements de terre et des plans d'évacuation. Profitez de ces occasions pour partager des informations sur les risques sismiques et les meilleures pratiques en matière de sécurité.

Faites participer tout le monde : Encouragez la participation de tous les membres de la famille, quel que soit leur âge. Impliquez les enfants dans les discussions et les activités de sensibilisation en adaptant le message à leur niveau de compréhension.

Utilisez des ressources éducatives : Utilisez des ressources éducatives telles que des vidéos, des livres ou des jeux pour enseigner aux enfants et aux adultes sur les tremblements de terre, leurs causes et les mesures de précaution à prendre.

Organisez des exercices pratiques : Mettez en place des exercices de simulation de tremblement de terre pour aider toute la famille à se familiariser avec les actions à prendre en cas d'urgence. Pratiquez l'évacuation de la maison et l'utilisation de la trousse d'urgence.

Enseignez les gestes de sécurité : Apprenez à toute la famille les gestes de sécurité de base à adopter pendant un tremblement de terre, tels que se mettre sous une table solide, se couvrir la tête et se tenir loin des fenêtres et des objets lourds qui pourraient tomber.

Créez un environnement ouvert : Encouragez les membres de la famille à poser des questions et à exprimer leurs préoccupations concernant les tremblements de terre et la sécurité. Créez un environnement ouvert où chacun se sent à l'aise de partager ses pensées et ses craintes.

Impliquez-vous dans la communauté : Participez à des événements communautaires ou à des programmes de sensibilisation aux catastrophes pour apprendre davantage sur les mesures de préparation aux tremblements de terre et partager ces connaissances avec votre famille.

En sensibilisant toute la famille aux risques des tremblements de terre et aux mesures de préparation, vous pouvez augmenter la sécurité de votre foyer et réduire les risques de blessures et de dommages en cas de catastrophe. Assurez-vous de maintenir une communication ouverte et continue sur ce sujet important.

Réparation des structures vulnérables

La réparation des structures vulnérables dans votre maison est essentielle pour renforcer sa résistance aux tremblements de terre et réduire les risques de dommages en cas de séisme. Voici quelques étapes à suivre pour réparer les structures vulnérables :

Réparation des fissures : Réparez les fissures dans les murs, les planchers et les autres surfaces en utilisant des matériaux de réparation appropriés, tels que le mastic, le mortier ou le plâtre. Assurez-vous de choisir des produits de réparation adaptés au type de surface et à la gravité des dommages.

Renforcement des fondations : Renforcez les fondations de votre maison en ajoutant des raidisseurs, des attaches ou d'autres méthodes de renforcement . Cela peut aider à prévenir les dommages structurels en cas de tremblement de terre.

Consolidation des murs : Consolidez les murs de votre maison en renforçant les cadres et les supports avec des poutres en acier, des barres d'armature ou d'autres matériaux de renforcement. Assurez-vous que les murs sont solidement fixés à la structure principale de la maison.

Renforcement des toits : Renforcez les toits de votre maison en ajoutant des attaches supplémentaires ou en renforçant les supports de toiture. Assurez-vous que le toit est correctement fixé à la structure de la maison pour éviter les dommages en cas de tremblement de terre.

Amélioration de la résistance aux secousses : Installez des dispositifs de renforcement sismique tels que des amortisseurs de secousse, des contreventements ou des atténuateurs de vibration pour améliorer la résistance de votre maison aux secousses sismiques.

Conduite pendant un tremblement de terre

Actions à entreprendre pendant un tremblement de terre

Pendant un tremblement de terre, il est important de savoir quoi faire pour assurer votre sécurité et celle de votre famille. Voici quelques actions à prendre pendant un tremblement de terre :

Restez calme

Rester calme pendant un tremblement de terre est essentiel pour prendre des décisions rationnelles et agir de manière sécuritaire. Voici pourquoi il est important de rester calme :

Prise de décisions rationnelles : Le stress et la panique peuvent nuire à votre capacité à penser clairement et à prendre des décisions logiques. En restant calme, vous pouvez évaluer la situation de manière objective et choisir la meilleure action à prendre pour assurer votre sécurité.

Réduction du risque de blessures : La panique peut entraîner des mouvements brusques et imprudents qui augmentent le risque de blessures pendant un tremblement de terre. En restant calme, vous pouvez adopter des comportements plus sûrs, comme vous abriter sous une table solide ou vous éloigner des objets dangereux.

Maintien du contrôle : Rester calme vous permet de maintenir un sentiment de contrôle sur la situation, ce qui peut réduire l'anxiété et le stress associés à un événement aussi effrayant qu'un tremblement de terre. Cela peut également vous aider à rassurer les autres membres de votre famille et à les guider en toute confiance.

Meilleure communication : Être calme vous permet de communiquer efficacement avec les membres de votre famille ou d'autres personnes présentes pendant le tremblement de terre. Vous pouvez donner des instructions claires et précises sur ce qu'il faut faire pour rester en sécurité.

Protégez-vous

Protéger votre intégrité physique pendant un tremblement de terre est une priorité absolue pour assurer votre sécurité. Voici quelques mesures à prendre pour vous protéger :

Trouvez un abri sûr : Si vous êtes à l'intérieur, cherchez un abri sous une table solide ou un bureau robuste. Mettez-vous en position accroupie pour protéger votre tête et votre cou.

Éloignez-vous des objets dangereux : Évitez de rester près des fenêtres, des miroirs, des meubles lourds, des appareils électroménagers ou de tout objet susceptible de tomber ou de se renverser pendant le tremblement de terre.

Protégez votre tête : Utilisez vos mains pour protéger votre tête et votre cou des débris en cas de chute d'objets ou de bris de vitres.

Si vous êtes à l'extérieur : Éloignez-vous des bâtiments, des panneaux publicitaires, des lignes électriques et de tout autre objet susceptible de tomber. Mettez-vous à découvert dans un espace ouvert loin des structures fragiles.

Si vous êtes en voiture : Réduisez votre vitesse en toute sécurité et arrêtez-vous dans un endroit sûr, loin des ponts, des viaducs et des structures fragiles. Restez à l'intérieur de votre véhicule jusqu'à ce que les secousses s'arrêtent.

Ne pas utiliser d'ascenseurs : Évitez d'utiliser les ascenseurs pendant un tremblement de terre, car ils pourraient s'arrêter ou tomber en panne, vous laissant piégé à l'intérieur.

Tenez-vous éloigné des objets dangereux

Maintenir une distance sécuritaire par rapport aux objets dangereux est essentiel pendant un tremblement de terre pour éviter les blessures. Voici quelques types d'objets à éviter pendant un tremblement de terre :

Fenêtres et miroirs : Les vitres peuvent se briser pendant un tremblement de terre, alors restez à l'écart des fenêtres et des miroirs pour éviter les blessures causées par des éclats de verre.

Meubles lourds : Les meubles lourds comme les armoires, les bibliothèques et les réfrigérateurs peuvent basculer ou se renverser pendant un tremblement de terre, alors évitez de rester à proximité de ces objets.

Appareils électroménagers : Les appareils électroménagers tels que les réfrigérateurs, les fours et les machines à laver peuvent tomber ou se déplacer pendant un tremblement de terre, ce qui présente un risque de blessures.

Objets suspendus : Éloignez-vous des lustres, des luminaires, des étagères murales et de tout autre objet suspendu qui pourrait se détacher et tomber pendant un tremblement de terre.

Objets en hauteur : Les objets placés en hauteur, comme les vases, les cadres photo et les bibelots, peuvent tomber et causer des blessures. Évitez de rester sous ces objets pendant un tremblement de terre.

Ne pas utiliser les ascenseurs

Il est essentiel de ne pas utiliser les ascenseurs pendant un tremblement de terre. Voici pourquoi :

Risque de panne : Pendant un tremblement de terre, les ascenseurs peuvent s'arrêter de fonctionner en raison de coupures de courant, de défaillances mécaniques ou de dommages structuraux. Vous pourriez vous retrouver piégé à l'intérieur de l'ascenseur sans moyen de sortir.

Dangers en cas de secousse : Si un tremblement de terre se produit alors que vous êtes dans un ascenseur, vous pourriez être exposé à des dangers graves. L'ascenseur pourrait être secoué violemment, ce qui pourrait entraîner des blessures ou des dommages à la structure de l'ascenseur.

Difficulté d'évacuation : En cas d'urgence, comme un incendie ou une panne de courant, il est crucial de pouvoir évacuer rapidement les bâtiments. Si vous utilisez un ascenseur pendant un tremblement de terre et qu'il s'arrête de fonctionner, cela pourrait entraver votre capacité à évacuer en toute sécurité.

Pratique générale de sécurité : Les ascenseurs sont généralement désactivés pendant les tremblements de terre pour des raisons de sécurité. Il est donc important de respecter cette pratique générale et de ne pas utiliser les ascenseurs pendant un tremblement de terre.

Restez à l'intérieur

Rester à l'intérieur pendant un tremblement de terre est généralement recommandé pour assurer votre sécurité. Voici quelques raisons pour lesquelles il est souvent plus sûr de rester à l'intérieur pendant un tremblement de terre :

Réduction du risque de blessures : En restant à l'intérieur, vous êtes mieux protégé contre les débris volants, les chutes d'objets et les dangers extérieurs causés par le tremblement de terre.

Protection contre les chutes : Si vous êtes à l'extérieur pendant un tremblement de terre, vous pourriez être exposé à des risques tels que les chutes d'objets, les effondrements de bâtiments ou les chutes de débris. En restant à l'intérieur, vous réduisez le risque d'être blessé par ces dangers.

Meilleure protection structurelle : Les bâtiments sont conçus pour résister aux tremblements de terre dans la mesure du possible. En restant à l'intérieur, vous bénéficiez de la protection de la structure du bâtiment contre les secousses sismiques.

Accès aux abris : Les bâtiments offrent souvent des endroits plus sûrs pour se protéger pendant un tremblement de terre, tels que sous une table solide ou un bureau robuste. En restant à l'intérieur, vous avez plus facilement accès à ces abris de fortune.

Évitez les zones dangereuses

Eviter les zones dangereuses est essentiel pendant un tremblement de terre pour réduire le risque de blessures. Voici quelques exemples de zones dangereuses à éviter pendant un tremblement de terre :

Près des bâtiments : Éloignez-vous des bâtiments, en particulier des structures fragiles, des façades en verre et des éléments architecturaux susceptibles de se détacher pendant un tremblement de terre.

Sous les ponts et les viaducs : Évitez de rester sous les ponts, les viaducs et les structures surélevées, car ils peuvent être instables pendant un tremblement de terre et présenter un risque d'effondrement.

Près des lignes électriques : Évitez de vous trouver à proximité des lignes électriques, des poteaux électriques et des transformateurs, car ils peuvent tomber ou se briser pendant un tremblement de terre, créant ainsi un danger supplémentaire.

Dans les zones sujettes aux glissements de terrain : Évitez les zones situées en haut des collines ou des pentes abruptes, car elles sont plus susceptibles de subir des glissements de terrain pendant un tremblement de terre.

Près des cours d'eau et des zones côtières : Évitez de vous trouver à proximité des cours d'eau, des rivières ou des zones côtières pendant un tremblement de terre, car ils peuvent être sujets à des inondations ou à des tsunamis déclenchés par les secousses sismiques.

Dans les zones à risque de chutes de rochers : Évitez de vous trouver sous des falaises ou des zones où des rochers ou des débris peuvent se détacher et tomber pendant un tremblement de terre.

En restant à l'écart de ces zones dangereuses, vous pouvez réduire le risque de blessures graves pendant un tremblement de terre et augmenter vos chances de rester en sécurité. Assurez-vous de sensibiliser également votre famille et vos proches à ces zones à éviter pendant un tremblement de terre.

Protégez-vous si vous conduisez

Si vous vous trouvez au volant pendant un tremblement de terre, voici quelques mesures à prendre pour assurer votre sécurité :

Ralentissez et arrêtez-vous si possible : Réduisez votre vitesse en toute sécurité et arrêtez-vous sur le côté de la route dès que possible.

Choisissez un endroit ouvert, loin des ponts, des viaducs, des lignes électriques et des structures susceptibles de s'effondrer.

Restez à l'intérieur de votre véhicule : Restez à l'intérieur de votre véhicule et restez attaché à votre ceinture de sécurité. Évitez de sortir de votre voiture tant que les secousses sismiques se poursuivent, car vous pourriez être exposé à des risques de chute d'objets ou de débris.

Évitez les obstacles : Si possible, éloignez-vous des arbres, des panneaux de signalisation, des poteaux électriques et des lignes électriques qui pourraient tomber sur votre véhicule. Ne vous garez pas sous les ponts ou les passages surélevés.

Restez à l'écart des structures : Évitez de vous garer à proximité des bâtiments, des structures ou des murs extérieurs qui pourraient s'effondrer pendant un tremblement de terre.

Gardez les vitres fermées : Gardez les vitres de votre voiture fermées pour éviter les blessures causées par des éclats de verre en cas de bris de vitres.

Restez informé : Écoutez la radio de votre voiture pour obtenir des informations sur la situation et les consignes de sécurité émises par les autorités locales.

Une fois que les secousses se sont arrêtées, évaluez votre environnement et assurez-vous qu'il est sûr de continuer à conduire. Faites preuve de prudence sur la route, car il peut y avoir des débris ou des dommages à l'infrastructure. Si possible, évitez de prendre la route jusqu'à ce que les autorités confirment que les routes sont sécurisées.

Écoutez les consignes de sécurité

Ecouter attentivement les consignes de sécurité émises par les autorités locales et les services d'urgence est essentiel pendant un tremblement de terre. Voici pourquoi il est important de suivre ces consignes :

Informations importantes : Les autorités locales et les services d'urgence fournissent des informations importantes sur la situation, telles que l'intensité du tremblement de terre, les zones touchées et les mesures de sécurité à prendre.

Instructions spécifiques : Les consignes de sécurité peuvent inclure des instructions spécifiques sur les actions à prendre pour se protéger pendant et après un tremblement de terre, telles que se mettre à l'abri, évacuer les bâtiments ou rechercher de l'aide médicale.

Évacuation sûre : En suivant les consignes de sécurité, vous pouvez éviter les dangers potentiels et évacuer en toute sécurité les zones à risque, en minimisant les risques de blessures ou de dommages.

Coordination des secours : Les autorités locales coordonnent les opérations de secours d'urgence pour fournir une assistance aux personnes touchées par le tremblement de terre. En suivant leurs instructions, vous contribuez à faciliter les efforts de secours et à assurer votre propre sécurité.

Information à jour : Restez à l'écoute des bulletins d'information et des alertes émises par les autorités locales pour obtenir des mises à jour en temps réel sur la situation et les mesures à prendre. Les informations sont souvent diffusées via la radio, la télévision, les médias sociaux et les applications mobiles d'alerte d'urgence.

Protocole de sécurité pour se protéger pendant et après

Voici un protocole de sécurité pour vous protéger pendant et après un tremblement de terre :

Avant un tremblement de terre

Sensibilisation : Informez-vous sur les risques sismiques dans votre région et familiarisez-vous avec les mesures de sécurité recommandées.

Plan d'urgence : Élaborez un plan d'urgence familial qui comprend des instructions sur les actions à prendre pendant et après un tremblement de terre, y compris l'évacuation et le point de rencontre.

Trousse d'urgence : Préparez une trousse d'urgence contenant des fournitures essentielles telles que de l'eau, de la nourriture non périssable, une lampe de poche, une radio à piles, des médicaments, une trousse de premiers secours et des articles d'hygiène personnelle.

Pendant un tremblement de terre

Restez calme : Gardez votre calme et protégez-vous en vous abritant sous une table solide ou un bureau.

Évitez les zones dangereuses : Éloignez-vous des fenêtres, des miroirs, des meubles lourds et des objets suspendus.

Ne pas utiliser les ascenseurs : N'utilisez pas les ascenseurs pendant un tremblement de terre.

Après un tremblement de terre

Évaluation des dommages et premiers secours

Après un tremblement de terre, il est important d'évaluer les dommages et de fournir des premiers secours aux blessés. Voici les étapes à suivre :

Évaluation des dommages

Pour évaluer les dommages après un tremblement de terre, voici quelques étapes à suivre :

Sécurisez les lieux : Assurez-vous d'abord que l'environnement est sécuritaire pour effectuer une évaluation. Évitez les zones potentiellement dangereuses et portez une attention particulière aux débris, aux structures instables et aux dangers comme les fuites de gaz.

Inspectez l'intérieur de votre domicile : Parcourez chaque pièce de votre domicile pour repérer les dommages. Recherchez les fissures dans les murs, les plafonds ou les fondations, les dommages aux fenêtres et aux portes, les objets tombés ou renversés, les fuites d'eau ou de gaz, et les ruptures de conduites.

Examinez l'extérieur : Sortez à l'extérieur et inspectez votre propriété. Vérifiez les dommages structurels aux murs extérieurs, aux toits, aux cheminées et aux autres éléments structurels. Examinez également les dommages potentiels causés par les glissements de terrain, les chutes d'arbres ou les effondrements de structures.

Documentez les dommages : Prenez des photos ou des vidéos des dommages pour documenter l'étendue des dégâts. Cela peut être utile pour les réclamations d'assurance et les demandes d'aide aux sinistrés.

Identifiez les dommages nécessitant une réparation immédiate : Déterminez quels dommages nécessitent une attention immédiate pour assurer la sécurité de votre domicile et de ses occupants. Cela peut inclure le colmatage des fuites de gaz ou d'eau, le renforcement des structures endommagées ou l'évacuation temporaire de la propriété si elle est devenue inhabitable.

Faites appel à des professionnels si nécessaire : Si les dommages sont graves ou s'il y a des préoccupations concernant la sécurité structurelle de votre domicile, envisagez de faire appel à des professionnels, tels que des ingénieurs en structure, des entrepreneurs en construction ou des inspecteurs en bâtiment, pour évaluer plus en détail les dommages et recommander des mesures correctives.

Assistance aux blessés

Lorsqu'il y a des blessés après un tremblement de terre, il est essentiel de fournir une assistance médicale dès que possible. Voici les étapes à suivre pour fournir une assistance aux blessés :

Évaluez la situation : Assurez-vous que l'environnement est sécuritaire pour fournir une assistance médicale. Si nécessaire, déplacez les blessés loin des dangers potentiels tels que les débris, les zones instables ou les fuites de gaz.

Examinez les blessures : Évaluez les blessures des personnes touchées. Priorisez les soins aux blessures graves ou potentiellement mortelles, telles que les saignements importants, les fractures ou les difficultés respiratoires.

Fournissez des premiers secours : Administrez les premiers secours en fonction des besoins. Cela peut inclure l'arrêt des saignements, le traitement des fractures, la stabilisation de la respiration ou d'autres mesures d'urgence.

Appelez les services d'urgence : Si nécessaire, appelez immédiatement les services d'urgence pour obtenir une assistance médicale professionnelle. Indiquez clairement la nature des blessures et la situation sur place pour aider les secouristes à intervenir rapidement et efficacement.

Restez avec les blessés : Restez avec les blessés pour leur fournir un soutien émotionnel et moral. Rassurez-les et assurez-vous qu'ils se sentent en sécurité en attendant l'arrivée des secours.

Organisez l'évacuation des blessés si nécessaire : Si les blessures sont graves et nécessitent une évacuation vers un centre médical, organisez cette évacuation de manière sûre et rapide. Utilisez des moyens de transport appropriés ou faites appel aux services d'urgence pour une assistance supplémentaire.

Continuez à surveiller les blessés : Même après avoir fourni les premiers secours et demandé une assistance médicale, continuez à surveiller les blessés et à fournir un soutien aussi longtemps que nécessaire.

Évacuation sécuritaire

L'évacuation sécuritaire après un tremblement de terre est essentielle pour assurer la sécurité des personnes touchées. Voici quelques étapes à suivre pour une évacuation sécuritaire :

Évaluation de la sécurité : Avant d'envisager une évacuation, évaluez d'abord la sécurité de l'environnement. Assurez-vous qu'il n'y a pas de dangers immédiats tels que des bâtiments instables, des lignes électriques tombées, des fuites de gaz ou des risques d'effondrement.

Suivez les consignes de sécurité : Écoutez les consignes de sécurité émises par les autorités locales et les services d'urgence. Si des ordres d'évacuation sont donnés, suivez-les rapidement et calmement.

Évacuez à pied si possible : Si les routes sont praticables et qu'il n'y a pas de danger immédiat, évacuez à pied autant que possible. Évitez les ascenseurs et les escaliers, et descendez prudemment par les escaliers en tenant la rampe si nécessaire.

Assistez les personnes vulnérables : Si vous êtes en mesure de le faire en toute sécurité, aidez les personnes âgées, les personnes handicapées, les enfants et les autres personnes vulnérables à évacuer. Offrez-leur un soutien physique et émotionnel tout au long du processus.

Restez ensemble : Si vous évacuez en groupe, restez ensemble et gardez un œil sur les membres les plus fragiles. Assurez-vous que personne n'est laissé derrière.

Évitez les obstacles : Évitez les zones à haut risque tels que les zones inondées, les zones sujettes aux glissements de terrain ou les zones où des débris peuvent tomber.

Dirigez-vous vers un lieu sûr : Si possible, dirigez-vous vers un lieu sûr tel qu'un centre d'évacuation désigné, un parc ouvert ou une zone éloignée des dangers potentiels.

Restez informé : Restez à l'écoute des bulletins d'information et des instructions des autorités locales pendant l'évacuation pour obtenir des mises à jour sur la situation et les mesures à prendre.

Ne retournez pas dans les zones dangereuses : Une fois que vous avez évacué en toute sécurité, ne retournez pas dans les zones évacuées tant que les autorités locales n'ont pas donné le feu vert. Il peut y avoir des risques résiduels tels que des répliques, des incendies ou des fuites de gaz qui rendent la zone dangereuse.

Écoutez les autorités locales

Écouter attentivement les autorités locales est très important avant, pendant et après un tremblement de terre. Voici pourquoi :

Informations précises : Les autorités locales sont responsables de la gestion des situations d'urgence et disposent des informations les plus récentes sur la situation, y compris l'intensité du tremblement de terre, les dommages causés, les zones à risque et les mesures de sécurité à prendre.

Instructions de sécurité : Les autorités locales émettent des consignes de sécurité pour protéger la population. Ces instructions peuvent inclure des consignes d'évacuation, des recommandations sur les premiers secours, des directives sur la manière de se protéger des dangers potentiels et des conseils sur les actions à prendre pour assurer la sécurité des habitants.

Coordination des secours : Les autorités locales coordonnent les opérations de secours d'urgence pour fournir une assistance aux personnes touchées par le tremblement de terre. En écoutant leurs instructions, vous contribuez à faciliter les efforts de secours et à assurer une réponse efficace aux besoins des sinistrés.

Mises à jour en temps réel : Les autorités locales fournissent des mises à jour en temps réel sur la situation et les mesures à prendre pour assurer la sécurité de la population. En écoutant les bulletins d'information et en suivant les directives émises, vous restez informé des développements et des recommandations des autorités.

Conformité aux règlements : En suivant les consignes des autorités locales, vous contribuez à assurer votre propre sécurité ainsi que celle de votre famille et de votre communauté. Les instructions émises par les autorités sont basées sur des protocoles de sécurité établis et visent à protéger la vie et les biens des citoyens.

Documentez les dommages

Documenter les dommages après un tremblement de terre est important pour plusieurs raisons, notamment pour faciliter les réclamations d'assurance et les demandes d'aide aux sinistrés, ainsi que pour évaluer l'ampleur des dégâts. Voici comment documenter les dommages efficacement :

Prenez des photos et des vidéos : Utilisez un appareil photo ou un smartphone pour prendre des photos et des vidéos des dommages causés à votre propriété. Capturez les dommages sous différents angles et assurez-vous d'inclure des détails tels que les fissures dans les murs, les plafonds affaissés, les objets endommagés et tout autre signe de dégâts.

Identifiez les dommages : Lorsque vous prenez des photos, identifiez clairement les zones endommagées et notez les dégâts spécifiques. Cela peut aider à déterminer les mesures de réparation nécessaires et à faciliter le processus de réclamation auprès de votre compagnie d'assurance.

Capturez les dommages extérieurs et intérieurs : N'oubliez pas de documenter les dommages à la fois à l'intérieur et à l'extérieur de votre domicile ou de votre entreprise. Cela peut inclure des dommages aux structures, aux équipements, aux véhicules, aux clôtures et aux autres biens.

Prenez des notes détaillées : En plus des photos et des vidéos, prenez des notes détaillées sur les dommages observés. Notez la date et l'heure de l'événement, ainsi que toute information pertinente sur les circonstances entourant les dommages.

Conservez les preuves : Conservez toutes les preuves documentaires liées aux dommages, telles que les photos, les vidéos, les notes et les reçus de réparation. Ces documents peuvent être nécessaires pour appuyer vos réclamations d'assurance ou vos demandes d'aide financière.

Restez en sécurité

Rester en sécurité est la priorité absolue après un tremblement de terre. Voici quelques conseils pour assurer votre sécurité :

Évaluez les risques : Faites une évaluation rapide de votre environnement pour repérer les dangers potentiels tels que les bâtiments endommagés, les lignes électriques tombées, les fuites de gaz ou les risques d'effondrement.

Trouvez un endroit sûr : Cherchez un endroit sûr pour vous abriter, loin des objets lourds, des fenêtres et des murs fragiles. Si vous êtes à l'intérieur, abritez-vous sous une table solide ou un bureau et protégez votre tête et votre cou.

Évitez les débris : Éloignez-vous des débris et des objets dangereux qui pourraient tomber ou rouler. Ne marchez pas pieds nus pour éviter les blessures causées par des objets tranchants ou brisés.

Ne pas utiliser les ascenseurs : Évitez d'utiliser les ascenseurs après un tremblement de terre, car ils pourraient être endommagés ou bloqués. Utilisez les escaliers avec prudence et évitez les escaliers extérieurs.

Écoutez les consignes de sécurité : Suivez les consignes de sécurité émises par les autorités locales et les services d'urgence. Restez à l'écoute des bulletins d'information pour obtenir des mises à jour sur la situation et les mesures à prendre.

Vérifiez les fuites de gaz et d'eau : Si vous sentez une forte odeur de gaz ou si vous repérez des fuites d'eau, coupez immédiatement l'alimentation en gaz et en eau et quittez les lieux si possible.

Restez ensemble : Si vous êtes avec d'autres personnes, restez ensemble et assurez-vous que tout le monde est en sécurité. Aidez-vous mutuellement en cas de besoin et restez calmes.

Évitez de vous rendre dans les zones dangereuses : Évitez de vous rendre dans les zones évacuées ou dangereuses, telles que les zones sujettes aux glissements de terrain, aux inondations ou aux incendies.

Soyez conscient des répliques : Après un tremblement de terre, il peut y avoir des répliques qui peuvent causer davantage de dommages. Restez vigilant et suivez les consignes de sécurité pour vous protéger.

Communication avec les proches et les autorités

Communiquer avec vos proches et les autorités après un tremblement de terre est très important pour assurer votre sécurité et celle de votre famille. Voici quelques moyens de communication à utiliser :

Téléphone portable : Utilisez votre téléphone portable pour contacter vos proches et les autorités. Envoyez des messages texte plutôt que des appels, car cela peut être plus efficace lorsque les réseaux téléphoniques sont surchargés.

Réseaux sociaux : Utilisez les réseaux sociaux tels que Facebook, Twitter ou WhatsApp pour informer vos proches de votre sécurité et de votre situation. Publiez des mises à jour régulières pour rassurer vos contacts.

Radio : Écoutez la radio pour obtenir des informations sur la situation et les consignes de sécurité émises par les autorités locales. Les stations de radio d'urgence diffusent souvent des bulletins d'information en cas de catastrophe naturelle.

Messagerie instantanée : Utilisez des applications de messagerie instantanée telles que WhatsApp, Telegram ou Signal pour rester en contact avec vos proches. Créez des groupes de discussion pour partager des informations et des mises à jour.

Signalisation visuelle : Si les lignes téléphoniques sont hors service, utilisez des signaux visuels tels que des drapeaux, des lampes de poche ou des signaux manuels pour communiquer avec les secouristes ou les voisins.

Points de rassemblement : Établissez des points de rassemblement prévus à l'avance avec votre famille et vos voisins en cas de séparation. Ces points de rassemblement peuvent servir de lieu de rencontre pour vérifier la sécurité de chacun.

Utilisez les numéros d'urgence : En cas d'urgence médicale, incendie ou autre situation dangereuse, composez les numéros d'urgence appropriés pour contacter les services d'urgence. Assurez-vous de connaître ces numéros à l'avance.

Contactez les autorités locales : Si vous avez besoin d'une assistance supplémentaire ou de conseils, contactez les autorités locales telles que la police, les pompiers ou les services de protection civile.

Téléphone portable

Lors d'un tremblement de terre, votre téléphone portable peut être un outil précieux pour communiquer avec vos proches et les autorités. Voici quelques conseils pour utiliser efficacement votre téléphone portable après un tremblement de terre :

Envoyez des messages texte : Les messages texte peuvent être plus fiables que les appels téléphoniques lorsque les réseaux sont surchargés. Envoyez des messages texte à vos proches pour les informer de votre sécurité et de votre situation.

Vérifiez les paramètres de votre téléphone : Assurez-vous que les paramètres de votre téléphone permettent l'utilisation optimale de la batterie, comme la désactivation du Wi-Fi et du Bluetooth lorsque vous n'en avez pas besoin. Cela peut prolonger la durée de vie de votre batterie en cas de panne de courant.

Gardez votre téléphone chargé : Avant un tremblement de terre, assurez-vous que votre téléphone est complètement chargé. Si possible, conservez une batterie de secours ou une batterie externe chargée pour recharger votre téléphone en cas de besoin.

Conservez les contacts importants : Assurez-vous d'avoir les numéros de téléphone de vos proches, des services d'urgence et des autorités locales enregistrés dans votre téléphone. Cela vous permettra de contacter rapidement les personnes nécessaires en cas d'urgence.

Économisez la batterie : Limitez l'utilisation de votre téléphone pour les communications essentielles afin de prolonger la durée de vie de la batterie. Évitez les applications énergivores et les appels prolongés si possible.

Restez informé : Utilisez votre téléphone pour accéder aux mises à jour des autorités locales, des services d'urgence et des médias. Consultez les applications météo ou d'alerte d'urgence pour obtenir des informations sur la situation et les consignes de sécurité.

Réseaux sociaux

Les réseaux sociaux peuvent être des outils précieux pour communiquer avec vos proches et obtenir des informations importantes après un tremblement de terre. Voici comment utiliser les réseaux sociaux de manière efficace dans une telle situation :

Mises à jour de statut : Utilisez votre compte sur les réseaux sociaux pour publier des mises à jour rapides sur votre situation. Indiquez si vous êtes en sécurité et si vous avez besoin d'aide. Cela permettra à vos proches de savoir que vous allez bien.

Messages directs : Envoyez des messages directs à vos amis et à votre famille pour leur faire savoir que vous êtes en sécurité et pour vérifier leur situation. Assurez-vous de garder vos contacts à jour sur les réseaux sociaux pour faciliter cette communication.

Groupes et pages communautaires : Rejoignez des groupes et des pages communautaires locaux sur les réseaux sociaux. Ces groupes peuvent être des sources précieuses d'informations sur la situation dans votre région et sur les mesures à prendre pour assurer votre sécurité.

Utilisation de hashtags : Sur des plateformes comme Twitter et Instagram, utilisez des hashtags pertinents pour suivre les mises à jour et les informations liées au tremblement de terre. Recherchez des hashtags tels que #tremblementdeterre ou #earthquake pour obtenir des informations pertinentes.

Partage d'informations utiles : Partagez des informations utiles telles que des numéros d'urgence, des instructions de sécurité et des ressources d'aide sur vos profils de réseaux sociaux. Cela peut être particulièrement utile pour les personnes qui recherchent des informations après un tremblement de terre.

Restez critique : Assurez-vous de vérifier la source des informations que vous partagez sur les réseaux sociaux pour éviter de propager des rumeurs ou des fausses informations. Privilégiez les sources fiables telles que les autorités locales et les médias officiels.

Utilisez la fonction de localisation : Si vous utilisez Facebook, activez la fonction de localisation pour indiquer votre sécurité et votre situation géographique. Cela permettra à vos amis et à votre famille de savoir où vous vous trouvez.

Radio

La radio est un moyen de communication essentiel pendant et après un tremblement de terre, car elle fournit des informations essentielles et des consignes de sécurité. Voici comment utiliser la radio de manière efficace dans une telle situation :

Gardez une radio à piles ou à manivelle : Assurez-vous d'avoir une radio à piles ou à manivelle dans votre kit d'urgence. Ces types de radios sont essentiels car elles peuvent fonctionner même en cas de panne de courant.

Écoutez les bulletins d'information : Branchez votre radio et recherchez des stations qui diffusent des bulletins d'information d'urgence. Les stations de radio locales et nationales peuvent fournir des mises à jour sur la situation, les consignes de sécurité et les mesures à prendre.

Recherchez des stations d'urgence : Certaines régions disposent de stations de radio d'urgence qui sont spécialement conçues pour diffuser des informations en cas de catastrophe naturelle ou d'urgence. Recherchez ces stations sur votre cadran radio et restez à l'écoute de leurs mises à jour.

Écoutez les émissions spéciales : Les stations de radio peuvent organiser des émissions spéciales pendant et après un tremblement de terre pour fournir des informations en direct, des témoignages de témoins oculaires et des conseils sur la sécurité. Écoutez ces émissions pour obtenir des informations précieuses.

Prenez des notes : Prenez des notes sur les informations importantes diffusées à la radio, telles que les consignes de sécurité, les numéros d'urgence et les instructions des autorités locales. Cela peut vous aider à rester informé et à prendre les mesures appropriées pour assurer votre sécurité.

Partagez les informations : Si vous avez accès à un téléphone portable ou à d'autres moyens de communication, partagez les informations importantes que vous entendez à la radio avec vos proches et votre communauté. Cela peut être particulièrement utile pour ceux qui n'ont pas accès à une radio.

En utilisant la radio de manière efficace, vous pouvez rester informé des développements pendant et après un tremblement de terre et prendre les mesures nécessaires pour assurer votre sécurité et celle de vos proches.

Messagerie instantanée

La messagerie instantanée est un moyen rapide et efficace de communiquer avec vos proches après un tremblement de terre. Voici comment l'utiliser de manière efficace dans une telle situation :

Utilisez des applications de messagerie instantanée : Utilisez des applications telles que WhatsApp, Telegram, Signal, Facebook Messenger ou iMessage pour envoyer des messages à vos proches. Ces applications fonctionnent sur les réseaux de données mobiles ou Wi-Fi, ce qui les rend souvent plus fiables que les appels téléphoniques après une catastrophe naturelle.

Créez des groupes de discussion : Créez des groupes de discussion avec vos proches et vos voisins pour faciliter la communication et le partage d'informations. Ces groupes peuvent être utilisés pour coordonner les secours, partager des mises à jour sur votre situation et offrir un soutien mutuel.

Envoyez des messages rapides : Utilisez la messagerie instantanée pour envoyer des messages rapides sur votre sécurité et votre situation. Informez vos proches que vous êtes en sécurité et partagez toute information importante que vous avez sur la situation locale.

Partagez des informations utiles : Utilisez la messagerie instantanée pour partager des informations utiles telles que les numéros d'urgence, les consignes de sécurité et les ressources d'aide disponibles. Assurez-vous de vérifier la source des informations avant de les partager pour éviter de propager des rumeurs ou de fausses informations.

Utilisez les fonctionnalités de localisation : Certains services de messagerie instantanée offrent des fonctionnalités de partage de localisation qui vous permettent de partager votre position avec vos contacts. Cela peut être utile pour indiquer votre emplacement et faciliter les secours.

Restez connecté : Assurez-vous de garder votre téléphone portable chargé et de rester connecté aux réseaux mobiles ou Wi-Fi disponibles. La messagerie instantanée peut être un moyen précieux de rester en contact avec vos proches lorsque les autres moyens de communication sont perturbés.

Signalisation visuelle

La signalisation visuelle peut être un moyen efficace de communiquer avec les secouristes, les voisins ou les membres de votre famille après un tremblement de terre lorsque les autres moyens de communication sont perturbés. Voici quelques méthodes de signalisation visuelle que vous pouvez utiliser :

Utilisez des signaux manuels : Les signaux manuels peuvent être utilisés pour communiquer des messages simples à distance. Par exemple, agitez les bras pour attirer l'attention, levez la main pour indiquer que vous avez besoin d'aide, ou faites des signes pour indiquer votre position ou la direction à suivre.

Utilisez des signaux lumineux : Les signaux lumineux tels que les lampes de poche ou les feux de détresse peuvent être utilisés pour attirer l'attention la nuit ou dans des endroits sombres. Allumez et éteignez la lumière à intervalles réguliers pour signaler votre position.

Utilisez des drapeaux ou des vêtements colorés : Agitez un drapeau, un morceau de tissu coloré ou un vêtement vif pour signaler votre présence. Choisissez des couleurs vives et contrastées qui seront facilement repérables, surtout à distance.

Utilisez des symboles simples : Utilisez des symboles simples et universellement reconnus pour communiquer des messages spécifiques. Par exemple, dessinez un X pour signaler un danger ou une flèche pour indiquer une direction.

Utilisez des signaux sonores : Si vous n'avez pas d'autres moyens de communication visuelle, utilisez des signaux sonores tels que des sifflements ou des cris pour attirer l'attention des secouristes ou des voisins.

Utilisez des miroirs ou des objets réfléchissants : Les miroirs ou les objets réfléchissants peuvent être utilisés pour refléter la lumière du soleil ou d'autres sources lumineuses et signaler votre position à distance.

Lorsque vous utilisez la signalisation visuelle, assurez-vous de choisir un emplacement bien dégagé où vous serez facilement repéré. Essayez d'utiliser des méthodes de signalisation visuelle qui sont facilement reconnaissables et compréhensibles pour les personnes qui pourraient vous voir.

Points de rassemblement

Les points de rassemblement sont des endroits prédéfinis où les membres de votre famille ou votre groupe peuvent se retrouver après un tremblement de terre ou toute autre catastrophe. Voici quelques conseils pour choisir et utiliser efficacement des points de rassemblement :

Choisissez des points de rassemblement sûrs : Sélectionnez des lieux sûrs à l'extérieur de votre domicile, tels que des parcs, des terrains de stationnement ou des places publiques, qui sont facilement accessibles et éloignés des bâtiments, des arbres ou des fils électriques susceptibles de tomber.

Identifiez plusieurs points de rassemblement : Envisagez d'avoir plusieurs points de rassemblement dans différentes directions de votre domicile, en cas d'incendie ou de danger dans une direction particulière. Assurez-vous que tous les membres de votre famille connaissent ces points de rassemblement et les utilisent en cas de besoin.

Communiquez les points de rassemblement : Informez tous les membres de votre famille ou de votre groupe des points de rassemblement choisis et assurez-vous qu'ils sont familiers avec leur emplacement. Utilisez des cartes ou des applications de cartographie pour montrer l'emplacement des points de rassemblement.

Utilisez des repères visuels : Choisissez des points de rassemblement près de repères visuels facilement identifiables, tels que des statues, des panneaux de signalisation ou des bâtiments distinctifs, pour faciliter la localisation.

Familiarisez-vous avec les points de rassemblement : Visitez régulièrement les points de rassemblement avec votre famille pour vous assurer qu'ils sont toujours accessibles et sûrs. Familiarisez-vous avec les itinéraires pour vous rendre aux points de rassemblement depuis différents endroits de votre domicile.

Déterminez l'ordre de priorité : Si vous avez plusieurs points de rassemblement, déterminez un ordre de priorité en fonction de la situation. Par exemple, si le premier point de rassemblement est inaccessible, rendez-vous au deuxième point de rassemblement prédéfini.

Restez ensemble : Une fois que vous vous êtes retrouvés à un point de rassemblement, restez ensemble en attendant que tous les membres de votre famille ou de votre groupe se rejoignent. Assurez-vous que personne ne quitte le point de rassemblement sans en informer les autres.

Utilisez les numéros d'urgence

Lors d'un tremblement de terre ou toute autre situation d'urgence, il est essentiel d'utiliser les numéros d'urgence pour contacter les services de secours et obtenir de l'aide si nécessaire. Voici quelques numéros d'urgence couramment utilisés dans de nombreuses régions du monde :

Numéro d'urgence général : Dans de nombreux pays, le numéro d'urgence général est le 112 ou le 911. Ce numéro vous mettra en contact avec les services d'urgence locaux, y compris la police, les pompiers et les services médicaux d'urgence.

Services d'incendie : Si vous êtes confronté à un incendie ou à des risques liés au feu après un tremblement de terre, composez le numéro des services d'incendie de votre région. Ce numéro est souvent différent du numéro d'urgence général.

Police : Si vous avez besoin d'assistance policière pour des raisons telles que le maintien de l'ordre, la sécurité publique ou les urgences criminelles, composez le numéro de la police locale.

Services médicaux d'urgence : Si vous ou quelqu'un d'autre nécessitez une assistance médicale urgente en raison de blessures ou de problèmes de santé liés au tremblement de terre, composez le numéro des services médicaux d'urgence.

Services de recherche et de sauvetage : Certains pays disposent de numéros d'urgence spécifiques pour les opérations de recherche et de sauvetage en cas de catastrophes naturelles telles que les tremblements de terre. Assurez-vous de connaître ce numéro si vous avez besoin d'une assistance de ce type.

Numéro d'urgence spécifique au tremblement de terre : Dans certaines régions à risque sismique élevé, il peut y avoir un numéro d'urgence spécifique dédié aux situations liées aux tremblements de terre. Renseignez-vous sur ce numéro auprès des autorités locales.

Lorsque vous composez un numéro d'urgence, assurez-vous de fournir autant d'informations que possible sur la situation, y compris votre emplacement, le type d'urgence et le nombre de personnes impliquées. Restez calme et suivez les instructions du répartiteur d'urgence pour obtenir l'aide nécessaire aussi rapidement que possible.

Contactez les autorités locales

Contacter les autorités locales est essentiel lors d'une situation d'urgence telle qu'un tremblement de terre. Voici comment contacter les autorités locales efficacement :

Numéro d'urgence local : Renseignez-vous sur le numéro d'urgence local de votre région. Il peut s'agir du 112, du 911 ou d'un autre numéro spécifique à votre pays ou à votre région. Ce numéro vous mettra en contact avec les services d'urgence locaux, y compris la police, les pompiers et les services médicaux d'urgence.

Services municipaux : Contactez la mairie ou les services municipaux de votre ville ou de votre commune pour obtenir des informations et des instructions spécifiques à votre région. Ils peuvent fournir des informations sur les centres d'évacuation, les services d'urgence disponibles et les mesures de secours en place.

Sites web et médias sociaux : Consultez les sites web officiels des autorités locales et leurs comptes de médias sociaux pour les dernières mises à jour et les instructions en cas d'urgence. Les autorités locales utilisent souvent ces plateformes pour diffuser des informations importantes aux résidents.

Centres d'information d'urgence : Dans de nombreuses régions, des centres d'information d'urgence sont mis en place pour fournir des mises à jour en temps réel et répondre aux questions des résidents pendant les situations d'urgence. Renseignez-vous sur l'emplacement et les heures d'ouverture de ces centres.

Applications mobiles officielles : Certaines autorités locales fournissent des applications mobiles officielles qui offrent des alertes d'urgence, des informations sur les abris, les itinéraires d'évacuation et d'autres ressources utiles. Téléchargez et utilisez ces applications pour rester informé pendant un tremblement de terre ou une autre urgence.

Lignes d'assistance téléphonique : Certains gouvernements mettent en place des lignes d'assistance téléphonique dédiées aux situations d'urgence. Ces lignes peuvent fournir des informations, des conseils et une assistance aux personnes touchées par un tremblement de terre.

Ressources supplémentaires

Informations sur les organismes d'aide et les ressources communautaires

Voici quelques ressources supplémentaires et organismes d'aide auxquels vous pouvez vous tourner pour obtenir de l'aide et des informations après un tremblement de terre :

Croix-Rouge ou Croissant-Rouge

La Croix-Rouge et le Croissant-Rouge sont des organisations humanitaires internationales qui fournissent une assistance d'urgence et des secours aux personnes touchées par les catastrophes naturelles, les conflits armés et d'autres crises humanitaires. Voici un aperçu de leur travail et de leurs services :

Assistance d'urgence : La Croix-Rouge et le Croissant-Rouge déploient des équipes d'intervention d'urgence pour fournir une assistance immédiate aux survivants de catastrophes telles que les tremblements de terre. Cela peut inclure la distribution de nourriture, d'eau potable, d'abris temporaires, de kits d'hygiène et de fournitures médicales.

Soutien psychosocial : Ils fournissent un soutien psychosocial aux survivants, y compris des services de counseling et de soutien émotionnel pour aider les personnes à faire face au stress, au traumatisme et aux pertes causées par les catastrophes.

Recherche et sauvetage : Ils déploient des équipes de recherche et de sauvetage pour retrouver et secourir les personnes piégées sous les décombres après un tremblement de terre ou d'autres catastrophes similaires.

Soins médicaux : Ils fournissent des soins médicaux d'urgence aux personnes blessées lors de catastrophes, ainsi que des services de santé communautaire pour répondre aux besoins médicaux à long terme des survivants.

Rétablissement et reconstruction : Ils soutiennent les efforts de rétablissement et de reconstruction à long terme des communautés touchées, en travaillant avec les gouvernements, les organisations locales et d'autres partenaires pour aider à reconstruire des infrastructures essentielles et à renforcer la résilience communautaire.

La Croix-Rouge et le Croissant-Rouge fonctionnent à travers un réseau mondial de sociétés nationales présentes dans pratiquement tous les pays. Ils sont souvent parmi les premiers intervenants lors de catastrophes naturelles et jouent un rôle très important dans la fourniture d'une aide humanitaire aux populations vulnérables. Si vous avez besoin d'assistance après un tremblement de terre ou toute autre catastrophe, vous pouvez contacter votre société nationale de la Croix-Rouge ou du Croissant-Rouge pour obtenir de l'aide et des informations sur les services disponibles dans votre région.

Agences gouvernementales

Les agences gouvernementales jouent un rôle essentiel dans la gestion des situations d'urgence telles que les tremblements de terre. Voici quelques-unes des principales agences gouvernementales impliquées dans la préparation aux tremblements de terre et la réponse aux catastrophes :.

Agence de gestion des catastrophes : Cette agence est chargée de coordonner la réponse aux catastrophes naturelles et de gérer les opérations de secours et de rétablissement après un tremblement de terre. Elle travaille en étroite collaboration avec d'autres organismes gouvernementaux, les autorités locales et les partenaires internationaux pour assurer une réponse efficace.

Ministère de l'intérieur ou de la sécurité intérieure : Ce ministère est généralement responsable de la gestion des services de police, des pompiers et des services médicaux d'urgence. Il peut jouer un rôle clé dans la coordination des opérations de secours et de recherche après un tremblement de terre.

Ministère de la santé : Ce ministère est chargé de fournir des services médicaux d'urgence et des soins de santé aux personnes blessées lors d'un tremblement de terre. Il peut coordonner la mise en place d'hôpitaux de campagne, de postes de secours et d'autres installations médicales temporaires pour répondre aux besoins des survivants.

Ministère des travaux publics ou des infrastructures : Ce ministère est responsable de la gestion des infrastructures publiques telles que les routes, les ponts, les réseaux électriques et les systèmes d'eau potable. Après un tremblement de terre, il peut être chargé d'évaluer les dommages aux infrastructures et de coordonner les efforts de réparation et de reconstruction.

Institut géologique ou sismologique : Cet organisme est spécialisé dans l'étude des phénomènes géologiques, y compris les tremblements de terre. Il peut fournir des informations sur la sismicité régionale, les risques sismiques et les mesures de prévention.

Organisations non gouvernementales (ONG) locales

Les organisations non gouvernementales (ONG) locales jouent un rôle très important dans la réponse aux tremblements de terre et dans la fourniture d'une assistance aux communautés touchées. Voici quelques-unes des façons dont les ONG locales peuvent contribuer à la réponse après un tremblement de terre :

Secours d'urgence : Les ONG locales peuvent fournir une assistance d'urgence immédiate aux survivants, y compris des fournitures de secours telles que de la nourriture, de l'eau, des abris temporaires, des vêtements et des kits d'hygiène.

Services médicaux : Certaines ONG locales exploitent des cliniques médicales mobiles ou des équipes médicales d'urgence pour fournir des soins médicaux d'urgence aux personnes blessées lors d'un tremblement de terre. Elles peuvent également fournir des services de santé communautaire pour répondre aux besoins médicaux à long terme des survivants.

Recherche et sauvetage : Certaines ONG locales disposent d'équipes de recherche et de sauvetage formées pour aider à retrouver et à secourir les personnes piégées sous les décombres après un tremblement de terre.

Soutien psychosocial : Les ONG locales offrent souvent des services de soutien psychosocial aux survivants, y compris des séances de counseling individuel ou de groupe, des activités de soutien émotionnel et des programmes de renforcement de la résilience.

Rétablissement et reconstruction : Après les opérations d'urgence, les ONG locales peuvent participer aux efforts de rétablissement et de reconstruction à long terme des communautés touchées. Elles travaillent avec les gouvernements locaux, les organisations internationales et d'autres partenaires pour reconstruire des infrastructures essentielles, fournir un logement sûr et renforcer la résilience communautaire.

Éducation et sensibilisation : Les ONG locales jouent souvent un rôle dans l'éducation du public sur la préparation aux tremblements de terre, la sécurité et les mesures à prendre en cas d'urgence. Elles organisent des programmes de sensibilisation dans les écoles, les communautés et les lieux de travail pour aider les gens à se préparer aux tremblements de terre et à d'autres catastrophes naturelles.

En soutenant les ONG locales, les individus et les communautés peuvent contribuer à renforcer la résilience et à fournir une assistance vitale aux personnes touchées par les tremblements de terre et d'autres catastrophes naturelles. Si vous souhaitez soutenir les efforts de secours locaux après un tremblement de terre, vous pouvez rechercher des ONG locales actives dans votre région et voir comment vous pouvez contribuer à leurs efforts.

Centres de secours

Les centres de secours sont des installations mises en place pour fournir une assistance d'urgence aux personnes touchées par un tremblement de terre ou toute autre catastrophe naturelle. Voici quelques-unes des fonctions et des services généralement fournis par les centres de secours :

Abri temporaire : Les centres de secours offrent souvent un abri temporaire aux personnes déplacées par un tremblement de terre. Cela peut inclure des tentes, des abris de fortune, des centres communautaires ou d'autres installations sécurisées où les survivants peuvent trouver refuge et protection.

Distribution de fournitures de secours : Les centres de secours distribuent des fournitures de secours essentielles telles que de la nourriture, de l'eau, des vêtements, des kits d'hygiène et des articles de première nécessité aux personnes touchées par un tremblement de terre.

Services médicaux d'urgence : Certains centres de secours disposent d'installations médicales temporaires ou de postes de secours pour fournir des soins médicaux d'urgence aux personnes blessées lors d'un tremblement de terre. Ils peuvent également coordonner l'évacuation des blessés vers des installations médicales plus avancées.

Services de recherche et de sauvetage : Les centres de secours peuvent coordonner les opérations de recherche et de sauvetage pour retrouver et secourir les personnes piégées sous les décombres après un tremblement de terre. Ils travaillent en étroite collaboration avec les équipes de secours locales, les pompiers et les volontaires pour mener à bien ces opérations.

Assistance psychosociale : Certains centres de secours offrent des services de soutien psychosocial aux survivants, y compris des séances de counseling, des activités de soutien émotionnel et des programmes de renforcement de la résilience pour aider les gens à faire face au traumatisme et au stress causés par le tremblement de terre.

Coordination des efforts de secours : Les centres de secours jouent un rôle très important dans la coordination des efforts de secours après un tremblement de terre. Ils travaillent avec les autorités locales, les agences gouvernementales, les organisations non gouvernementales et d'autres partenaires pour assurer une réponse efficace et coordonnée.

En cas de tremblement de terre, les centres de secours fournissent une assistance vitale aux personnes touchées et contribuent à sauver des vies, à soulager les souffrances et à aider les communautés à se remettre sur pied. Il est important de connaître l'emplacement des centres de secours dans votre région et de suivre les directives des autorités locales pour obtenir de l'aide en cas de besoin.

Services communautaires

Les services communautaires jouent un rôle très important dans la réponse aux tremblements de terre et dans la fourniture d'une assistance aux personnes touchées. Voici quelques exemples de services communautaires qui peuvent être utiles après un tremblement de terre :

Banques alimentaires : Les banques alimentaires fournissent une assistance alimentaire aux personnes touchées par un tremblement de terre, en distribuant des denrées alimentaires de base et des repas préparés aux survivants dans le besoin.

Refuges d'urgence : Les refuges d'urgence offrent un abri temporaire aux personnes déplacées par un tremblement de terre, en leur fournissant un endroit sûr pour se reposer, se nourrir et recevoir une assistance médicale d'urgence si nécessaire.

Services de counseling : Les services de counseling communautaires offrent un soutien psychologique aux survivants, en les aidant à faire face au stress, à l'anxiété et aux traumatismes émotionnels causés par le tremblement de terre. Ils peuvent fournir des séances de counseling individuel ou de groupe, ainsi que des programmes de soutien émotionnel.

Programmes de logement temporaire : Certains programmes communautaires fournissent un logement temporaire aux personnes déplacées par un tremblement de terre, en leur offrant un hébergement sûr dans des centres d'accueil, des logements temporaires ou chez des familles d'accueil.

Services de santé communautaires : Les services de santé communautaires offrent des soins médicaux de base aux personnes touchées par un tremblement de terre, en fournissant des services de santé primaires, des consultations médicales et des médicaments essentiels.

Programmes de réhabilitation et de reconstruction : Les programmes communautaires de réhabilitation et de reconstruction aident les communautés à se remettre sur pied après un tremblement de terre, en reconstruisant des infrastructures essentielles, en fournissant un soutien financier et en renforçant la résilience communautaire.

Groupes de soutien : Les groupes de soutien communautaires réunissent les survivants pour partager leurs expériences, leurs préoccupations et leurs ressources, en favorisant la solidarité, l'entraide et la résilience communautaire.

Ces services communautaires sont souvent fournis par des organisations locales, des groupes bénévoles et des partenaires de la communauté. Ils jouent un rôle très important dans la réponse aux tremblements de terre et dans la fourniture d'une assistance vitale aux personnes touchées. En cas de tremblement de terre, il est important de connaître les services communautaires disponibles dans votre région et de les utiliser en cas de besoin.

Références pour des informations supplémentaires et des formations

Pour des informations supplémentaires sur la préparation aux tremblements de terre et la réponse en cas d'urgence, ainsi que des formations pertinentes, voici quelques ressources utiles :

Sites Web gouvernementaux

Voici quelques exemples de sites Web gouvernementaux qui fournissent des informations sur la préparation aux tremblements de terre et la gestion des situations d'urgence :

États-Unis - Federal Emergency Management Agency (FEMA) : Le site Web de la FEMA propose des conseils sur la préparation aux tremblements de terre, des plans d'action d'urgence et des ressources pour les individus, les familles et les communautés.

Site Web : FEMA - Earthquake Preparedness

Canada - Sécurité publique Canada : Le site Web de Sécurité publique Canada offre des conseils sur la préparation aux tremblements de terre, les plans d'urgence et les ressources disponibles pour les Canadiens.

Site Web : Sécurité publique Canada - Séismes

Royaume-Uni - Government UK : Le gouvernement du Royaume-Uni fournit des informations sur la préparation aux tremblements de terre, les mesures d'urgence et les ressources disponibles pour les citoyens britanniques.

Site Web : Government UK - Earthquakes

Australie - Australian Government, Department of Home Affairs : Le site Web du gouvernement australien propose des conseils sur la préparation aux tremblements de terre, les plans d'urgence et les ressources pour les Australiens.

Site Web : Australian Government - Earthquakes

Nouvelle-Zélande - Ministry of Civil Defence & Emergency Management : Le ministère néo-zélandais de la défense civile et de la gestion des urgences fournit des informations sur la préparation aux tremblements de terre, les plans d'urgence et les ressources pour les Néo-Zélandais.

Site Web : Ministry of Civil Defence & Emergency Management - Earthquakes

Japon - Cabinet Office : Le site Web du Cabinet Office du Japon offre des conseils sur la préparation aux tremblements de terre, les mesures d'urgence et les ressources disponibles pour les citoyens japonais.

Site Web : Cabinet Office - Earthquake Countermeasures

Ces sites Web gouvernementaux sont des sources fiables d'informations sur la préparation aux tremblements de terre et la gestion des situations d'urgence dans différentes régions du monde. N'hésitez pas à les consulter pour obtenir des conseils spécifiques à votre pays ou à votre région.

Organisations internationales

Voici quelques organisations internationales qui fournissent des informations sur la préparation aux tremblements de terre et la gestion des situations d'urgence à l'échelle mondiale :

United Nations Office for Disaster Risk Reduction (UNDRR) : L'UNDRR coordonne les efforts mondiaux visant à réduire les risques de catastrophes naturelles, y compris les tremblements de terre. Son site Web propose des ressources, des lignes directrices et des rapports sur la préparation aux tremblements de terre et la gestion des risques.

Site Web : UNDRR - Earthquakes

World Health Organization (WHO) : L'OMS fournit des informations sur les aspects sanitaires des tremblements de terre, y compris la prévention des blessures, les secours médicaux d'urgence et les interventions en matière de santé publique.

Site Web : WHO - Earthquakes

United Nations Children's Fund (UNICEF) : UNICEF fournit des conseils sur la protection des enfants et des familles pendant et après un tremblement de terre, ainsi que des ressources sur les interventions humanitaires et les programmes de rétablissement.

Site Web : UNICEF - Earthquakes

International Federation of Red Cross and Red Crescent Societies (IFRC) : La Fédération internationale des sociétés de la Croix-Rouge et du Croissant-Rouge fournit des conseils sur la préparation aux tremblements de terre, les secours d'urgence et les programmes de rétablissement dans les pays du monde entier.

Site Web : IFRC - Earthquakes

United Nations Educational, Scientific and Cultural Organization (UNESCO) : L'UNESCO travaille sur la prévention des risques sismiques, la recherche en sciences de la terre et l'éducation du public sur les tremblements de terre.

Site Web : UNESCO - Earthquakes

World Bank : La Banque mondiale fournit des informations sur la gestion des risques de catastrophe, y compris les tremblements de terre, et soutient les programmes de préparation, de réponse et de reconstruction dans les pays touchés.

Site Web : World Bank - Earthquakes

Ces organisations internationales jouent un rôle important dans la coordination des efforts mondiaux de préparation aux tremblements de terre et de réponse aux catastrophes naturelles. Leurs sites Web sont d'excellentes ressources pour obtenir des informations, des lignes directrices et des rapports sur la gestion des risques sismiques à l'échelle mondiale.

Organisations non gouvernementales (ONG)

Voici quelques exemples d'organisations non gouvernementales (ONG) qui sont actives dans la préparation aux tremblements de terre et la gestion des situations d'urgence :

Croix-Rouge et Croissant-Rouge : Ces organisations humanitaires fournissent une assistance d'urgence aux personnes touchées par les tremblements de terre et d'autres catastrophes naturelles. Elles offrent des secours immédiats, des soins médicaux, des abris temporaires, des fournitures de secours et des programmes de rétablissement à long terme.

Site Web : Fédération internationale des Sociétés de la Croix-Rouge et du Croissant-Rouge

Save the Children : Cette organisation se concentre sur la protection et le bien-être des enfants touchés par les tremblements de terre et autres crises humanitaires. Elle fournit des secours d'urgence, des soins médicaux, des abris temporaires, des programmes éducatifs et de protection de l'enfance.

Site Web : Save the Children

Oxfam : Oxfam répond aux tremblements de terre en fournissant des secours d'urgence, en assurant l'accès à l'eau potable et à l'assainissement, en distribuant des vivres et des articles de première nécessité, et en soutenant la reconstruction des communautés touchées.

Site Web : Oxfam

Médecins Sans Frontières (MSF) : MSF fournit des soins médicaux d'urgence aux survivants des tremblements de terre, en déployant des équipes médicales et chirurgicales, des hôpitaux de campagne et des centres de santé mobiles dans les zones touchées.

Site Web : Médecins Sans Frontières

CARE : CARE répond aux tremblements de terre en fournissant des secours d'urgence, des abris temporaires, des services de santé, de l'eau potable et de l'assainissement, ainsi que des programmes de réhabilitation et de relèvement pour les communautés touchées.

Site Web : CARE

Action contre la Faim : Cette organisation lutte contre la faim et la malnutrition dans les zones touchées par les tremblements de terre en fournissant une assistance alimentaire, des soins nutritionnels, de l'eau potable et des services de santé.

Site Web : Action contre la Faim

Ces ONG travaillent activement dans les régions du monde entier pour aider les communautés à se préparer aux tremblements de terre, à réagir aux urgences et à se reconstruire après une catastrophe. En soutenant leur travail, vous pouvez contribuer à fournir une assistance vitale aux personnes touchées par les tremblements de terre et à renforcer la résilience des communautés vulnérables.

Centres de formation

Voici quelques exemples de centres de formation qui proposent des programmes sur la préparation aux tremblements de terre et la gestion des situations d'urgence :

Centre international de formation aux activités de secours (CIFAS) : Le CIFAS, basé en France, propose des cours de formation pour les professionnels de la gestion des catastrophes et de l'aide humanitaire. Il offre des programmes sur la préparation aux tremblements de terre, les opérations de secours d'urgence et la gestion des crises.

Site Web : Centre international de formation aux activités de secours (CIFAS)

Centre de formation en gestion des catastrophes et en préparation aux tremblements de terre (CDP) : Le CDP, situé aux États-Unis, offre des cours de formation et des exercices pratiques sur la préparation aux tremblements de terre, la gestion des catastrophes naturelles et la réponse d'urgence.

Site Web : Centre de formation en gestion des catastrophes et en préparation aux tremblements de terre (CDP)

Centre européen de formation aux opérations de secours (CEFOR) : Le CEFOR, basé en Suède, propose des cours de formation pour les professionnels de la gestion des catastrophes, les équipes de secours et les volontaires. Il offre des programmes sur la préparation aux tremblements de terre, la réponse d'urgence et la coordination des opérations de secours.

Site Web : Centre européen de formation aux opérations de secours (CEFOR)

Centre de formation des Nations Unies pour la gestion des catastrophes (UNDMT) : L'UNDMT offre des cours de formation et des programmes de renforcement des capacités sur la préparation aux tremblements de terre, la réduction des risques de catastrophe et la gestion des urgences humanitaires.

Site Web : Centre de formation des Nations Unies pour la gestion des catastrophes (UNDMT)

Académie internationale des sciences de la gestion des catastrophes (AIIMS) : L'AIIMS, basée en Inde, propose des cours de formation, des ateliers et des programmes de recherche sur la gestion des catastrophes naturelles, y compris les tremblements de terre.

Site Web : Académie internationale des sciences de la gestion des catastrophes (AIIMS)

Ces centres de formation offrent une expertise spécialisée dans la préparation aux tremblements de terre et la gestion des situations d'urgence. Ils fournissent des ressources, des programmes de formation et des opportunités d'apprentissage pour les professionnels, les travailleurs humanitaires, les responsables gouvernementaux et les volontaires impliqués dans la réponse aux catastrophes naturelles.

Manuels et guides

Voici quelques manuels et guides sur la préparation aux tremblements de terre qui peuvent être utiles :

Manuel de préparation aux tremblements de terre de l'USGS : Ce manuel publié par l'United States Geological Survey (USGS) fournit des informations détaillées sur les risques sismiques, la préparation aux tremblements de terre et les mesures à prendre avant, pendant et après un séisme.

Guide de préparation aux tremblements de terre de la Croix-Rouge américaine : Ce guide de la Croix-Rouge américaine propose des conseils pratiques sur la préparation aux tremblements de terre, y compris la création d'un plan d'urgence familial, la constitution d'une trousse de secours et la sécurisation de votre domicile.

Guide de préparation aux tremblements de terre de la FEMA : La Federal Emergency Management Agency (FEMA) des États-Unis propose un guide complet sur la préparation aux tremblements de terre, comprenant des conseils sur la sécurité à domicile, la planification familiale et la préparation aux secours d'urgence.

Guide de préparation aux tremblements de terre du gouvernement du Canada : Ce guide du gouvernement du Canada offre des conseils sur la préparation aux tremblements de terre, la réduction des risques et la sécurité personnelle en cas de séisme.

Guide de préparation aux tremblements de terre de l'Organisation mondiale de la santé (OMS) : Ce guide de l'OMS met l'accent sur les aspects sanitaires de la préparation aux tremblements de terre, y compris la sécurité des bâtiments, la gestion des blessures et les mesures de secours médicales.

Ces manuels et guides fournissent des informations précieuses sur la préparation aux tremblements de terre et la gestion des situations d'urgence. Ils peuvent être utilisés pour éduquer les individus, les familles, les communautés et les professionnels sur les mesures à prendre pour se protéger et se préparer aux séismes.

Applications mobiles

Voici quelques applications mobiles utiles pour la préparation aux tremblements de terre et la gestion des situations d'urgence :

QuakeFeed : Cette application fournit des informations en temps réel sur les tremblements de terre du monde entier. Elle permet de suivre les secousses sismiques récentes, de recevoir des notifications et d'accéder à des cartes interactives.

Earthquake Alert : Cette application envoie des alertes sismiques en temps réel basées sur les données des réseaux sismiques mondiaux. Elle fournit des informations sur l'emplacement, la magnitude et la profondeur des tremblements de terre.

MyShake : Développée par l'Université de Californie à Berkeley, cette application utilise les capteurs de mouvement des smartphones pour détecter les tremblements de terre. Elle permet de contribuer à un réseau de surveillance sismique communautaire.

Earthquake by American Red Cross : Cette application de la Croix-Rouge américaine fournit des informations sur les tremblements de terre, des conseils de préparation, des alertes en temps réel et des instructions sur les premiers secours en cas d'urgence.

ShakeAlertLA : Cette application, développée par la ville de Los Angeles, envoie des alertes en temps réel lorsqu'un tremblement de terre de magnitude 5,0 ou plus est détecté dans la région de Los Angeles.

Ces applications peuvent être téléchargées sur les plateformes iOS et Android et sont conçues pour aider les utilisateurs à rester informés, à se préparer aux tremblements de terre et à réagir de manière appropriée en cas d'urgence.

Conclusion

La préparation aux tremblements de terre est essentielle pour protéger des vies et limiter les dégâts matériels. Tout au long de ce guide, nous avons abordé les éléments clés d'une bonne préparation, notamment la compréhension des risques sismiques, l'évaluation des vulnérabilités, l'élaboration de plans d'urgence familiaux, la constitution de trousses de secours et la sécurisation des habitations.

Il est essentiel de rester informé des risques spécifiques à votre région, de suivre les recommandations des autorités locales et de participer régulièrement à des exercices de simulation. Les ressources mises à disposition par les gouvernements, les ONG et les centres de formation peuvent apporter un soutien précieux pour renforcer votre préparation.

En favorisant une approche proactive et une sensibilisation continue, nous pouvons collectivement améliorer la résilience de nos communautés face aux séismes.